선생님이 먼저 때렸는데요

선생님이 먼저 때렸는데요

초판 1쇄 인쇄 2013년 1월 7일
초판 1쇄 발행 2013년 1월 11일

지은이 강병철
펴낸이 김승희
펴낸곳 도서출판 살림터

기획 정광일
편집 조현주
그림 스튜디오 돌
필름출력 소망
인쇄 제본 (주)현문
종이 월드페이퍼(주)

주소 서울시 마포구 서교동 395-27
전화 02-3141-6553
팩스 02-3141-6555
출판등록 2008년 3월 18일 제313-1990-7호
이메일 gwang80@hanmail.net

ISBN 978-89-94445-34-2 03370

살림터 참교육문예 05

선생님이 먼저 "때렸는데요

강병철 교육산문집

살림터

다시 사랑의 날을 버리며

5학년 때였던가. 아카시아 계절이었고, 장래 희망에 대한 글짓기 시간이었다. 벗들은 농부나 기술자를 가장 많이 적어냈지만 간혹 대통령이나 재벌 회장 그리고 스포츠 스타가 등장하기도 했다. 나는 연필심 꾹꾹 눌러 시인이라고 적어내었는데, 담임님이 부르시더니 '작가는 배가 고프다'며 다시 생각해보라신다. 그때 뜬금없이 '선생을 하면서 글을 쓰겠다'고 대답했는데, 그게 내 운명이 되었다.

문학 청년 그 결핍의 시절.

스승이 없었으므로 무작위로 시집을 읽었고 눈의 감각으로 문장의 흐름을 익혔다. 시인 부류에 대한 막연한 형상이 잡히기도 했다. 나는 흉내를 내기 위해 머리를 길렀고 고무신 끌고 캠퍼스를 어슬렁거렸다. 비상사태와 긴급조치가 연이어 발동되던 시절이었으나 시국의 울분보다는 취객의 로망에 집착해서 세상의 질곡에 눈을 뜨지 못했다. 그저 「사랑의 스잔나」 같은 영화 장면과 잘 차려진 주안상을 떠올리면서 아, 하는 감탄사를 내뱉는 수준이었는데.

칠판 앞에 설 즈음 몸과 마음이 새로워졌다.

변혁의 문을 여는 교사들을 만나면서 합체하기로 결의했다. 그랬다. 최루탄 가루를 털어내면서 몸의 손상을 자랑스러워하던 젊은 날의 자존감은 영원히 유효하다. 나 홀로 깨어 있던 보폭을 함께 맞추든 교단이란 구조 자체가 환골탈태해야 한다는 점도 당연히 절대 과제다. 그 진정성을 믿었으므로 오랫동안 몸을 움직였다. 그런데 지금 자꾸 눈시울이 시큰거리는 이유를 나는 잘 알고 있다.

교단생활 30년이 넘었다. 해직 시절이나 안식년이 끼어들기도 했지만 대개 쳇바퀴 일상의 반복이었다. 제자들은 끊임없이 성장해서 청년 시절을 거쳐·중·장년이 되었고 나는 초로의 비탈길에서 굽은 등으로 분필을 잡는 중이다. 벗들 역시 희망과 절망 사이를 시계추처럼 전전하거나 조금 빨리 하늘나라로 떠나기도 했다. 이제사 삶의 실체와 행간의 의미를 실감하며 사는 중이다. 남들을 원망하지 않고 스스로 벼랑 끝 찾아 간극을 메워주는 점액질이 되어야 하리라.

이 책의 사연들은 '충남교육연구소' 회지에 오래도록 연재한 글들이다. 그리고 2012년 학습연구년이라는 안식의 시간을 맞이하여 '토지문화관 → 연희문학창작촌 → 마라도 창작 스튜디오'를 전전하면서 맑은 공기의 자양분으로 정리한 글임을 밝힌다. 산문은 솔직해야 한다고 가르쳤으나 때로는 진하거나 여리게 색칠하기도 했다. 새해 벽두 그 시베리아 칼바람이 여전히 몸에 익숙하다.

2013년 1월 5일
강병철

3장

강병철 선생님이 먼저 때렸거든요

4장

슬픔도 힘이 된다

1장

어떤 이별들에 대하여

어머니가 넘어지셨다

85세 어머니 이야기다.

장성한 자식들 숫자대로 집안마다 쌀 방아를 찧어주는 게 즐거움의 하나였던 내 어머니다. 그해 늦가을, 천수만 봉락리 방앗간에서 트럭에 쌀자루를 올린 다음 토방을 내려서다가, 쾅, 엉덩방아를 찧었다. 그냥 사소한 실수인 줄 알았다. 낟알을 쪼러 발등 가까이 오그르르 모여 있던 참새 떼가 일제히 포롱포롱 날개를 쳤을 뿐이다. 그미 역시 몸이 끊어지도록 아팠으나, 그보다는 구경꾼들의 눈이 더 부끄러웠다. 다시 '헛헛' 웃으며 슬그머니 일어서려다가, 다시 풀자루처럼 주저앉았다. 엉덩이뼈가 부서진 것이다. 그제야 소스라쳐 비명을 지르자 먹하니 서 있던 방앗간 아저씨가 후두두 달려왔다.

노인들의 뼈는 제대로 붙지 않는다는 점이 문제다. 아이들의 뼈는 끈적끈적한 아교질이 주성분이고 늙은이는 푸석푸석한 석회질로 되어 있기 때문이다. 그래서일까. 아이들은 넘어지고 깨져도 파스나 기브스로 때운 다음 곧바로 쌩쌩 날아다니지만 노친네들은 엉덩방아 한 방에도 엉덩이뼈가 쪽박 깨지듯 부서지곤 한다. 회복은 더더욱 어렵다. 부러진 부분의 골막으로부터 골절이 만들어져 뼈가 붙는 작용을 해야 하는데 골막이 없어지면 뼈의 성장이 멈출 뿐 아니라 재생 기능까지 잃기 때문이다.

강 씨네 집에 시집 와서 60여 년

그늘로 남았던 느티나무 자락이 와르르 꺾이는 그 순간이다. 입원 직후, 당신께서는 몸의 아픔보다 치미는 부아를 더 못 견뎌 했다. 해야 할 일거리가 산더미처럼 쌓여 있는데 병원 침대에 두어 달 등을 붙여야 한다는 게 억울한 것이다. 정작 그보다 힘든 것은 굴욕감이었다. 85세의 쪼그랑 할머니가 되어서야 생전 처음 남의 사내 앞에서 알몸을 보였다던가. 기저귀 배설 처리도 견딜 수 없는 것이다. 그러나 가장 큰 고통은 앞으로 영원히 걷지 못할 수 있다는 위급한 메시지, 그것이다.

어머니는 손자뻘 되는 의사 선생이 시키는 대로 복종했다. 젊은 의사들이 친한 척,

"움직이라고 할 때까지 절대로 먼저 일어나면 안 돼. 한 번만 더

넘어지면 끝장나니까."

"운동하면 안 되는 거지유?"

"말씀이라고 해. 지금 연결이 부러지면 다시는 못 고쳐. 알겠
지?"

반말 문장이 거슬린 어머니가,

"우리 자식들이 나이 육십이오."

그제야 눈치를 챈 젊은 의사가 재빨리,

"할머니 병 빨리 나으시란 뜻이지요."

재빨리 존댓말로 바꾸면서 경어체 카드를 간신히 따낸 것이다.

그 와중에도 병실 상황에서 겪는 새로움은 있었다. 생천 처음
침대에 누워 시간을 때우면서 흘러간 스크린을 재생시키는 여유를
가질 수 있었다는 점이다. 그랬다. 80년 넘는 일상의 쳇바퀴를 벗
어나 회고의 시간을 가져본 것이다. 기나긴 일제 강점기와 육이오,
사일구, 광주항쟁, 팔팔올림픽 그리고 새천년도 훨씬 지난 격동기
필름들.

일제 강점기에 공주고보를 졸업한 강동원 총각은……

갓 스물에 소재지 갯마을 국민학교 훈장이 되었다. 당연히 난
세의 신산고초가 있었다. 블라디보스토크까지 학도병으로 끌려가
죽을 고비를 넘겼고 해방공간과 육이오 동란의 외줄타기도 가까스
로 넘겼다. 그리고 교사로 입문하면서 면사무소에 다니던 신식 처

청년 교사는 국어 교과서의 내용을 수용하지 못했다. '모가지가 긴 사슴이나 나그네가 되면 안 됩니다.' 울멍울멍 신동엽의 시를 읽어주기도 했다. 함께 춤을 추면 하나가 된다고 생각했었고.

녀 김현송을 만나 사랑을 나누고 결혼을 했다. 김 처녀는 신여성은 아니지만, 신작로 최초로 파마를 했고 발바닥에서 15센티미터쯤 올라간 짧은 치마를 입으셨다. 소학교 때부터 당연히 총기 서렸다는 말을 들으며 자랐다. 달리기는 꼴찌였지만 나머지는 죄다 잘했다. 무용, 노래, 종이접기, 글짓기까지 수상자 명단에 끼어 수도 없이 단상에 올랐었다. 그리고 물오르던 처녀 시질, 사내를 만나 다소 늦은 혼인식을 올렸단다. 스물셋에 둥지를 틀자 사람들이,

'노처녀도 시집은 가네.'

축복의 환호를 던졌더란다.

연애편지가 평풍처럼 오고 갔다. 담임 반 학생인 김 처녀의 남동생 김현권 학동에게 편지를 보내면 이튿날 김 처녀가 다시 남동생을 통하여 강 선생에게 답장을 보내는 식의 고전적 타법이었다. 방해꾼이 없었던 것은 아니다. 청년 강 선생은 넘치는 의욕만큼 회초리도 모질게 치는 편이었단다. 스승의 몸이 곧 법이던 시절, 젊은 교사는 엄청난 카리스마로 제자들을 다그쳤다. 그 바람에 구구단과 맞춤법을 빨리 독파했지만 무서워서 실실 곁눈질로 피하는 아이들도 많았다. 그미의 남동생이 혼숫감 준비하는 김 처녀에게,

"누나, 그 선생님한테 시집가지 마. 승질이 고약혀."

했더란다. 그래서일까, 결혼식 직후부터 그미의 고달픈 시집살이가 시작되었다.

그때부터 어머니는 '파마머리 소녀의 총기'를 버리고 '조선 여자의 헌신성'을 온몸으로 받아들여야 했다. 그럴 수밖에 없었다. 신혼 초부터 두 시누이 가족과 함께 살았고, 까다로운 시어머니가 날마다 산더미 일감을 던져주니 완전히 흥부네 마누라로 변신하였다. 치마 대신 몸뻬를 입었고 파마머리엔 수건을 뒤집어씌웠다. 눈코 뜰 새 없는 '여자의 일생'이 그렇게 산 넘고 물 건너 쳇바퀴를 돌았다. 밥과 빨래와 농사일 새새틈틈이 6남매를 낳았고, 아들딸들의 학벌을 높여주기 위해 꼭두새벽부터 오밤중까지 몸으로 때웠다. 호

된 시집살이가 당연하다고 생각했으므로 불만의 겨를도 없었다.

시나브로 '복종의 몸'으로 둔갑해버렸다.

농사일이 끝나면 어머니는 지아비의 발을 씻겨드렸다. 아버지는 마루에 걸터앉으시고 어머니는 토방에 무르팍 꿇은 자세로 발을 씻겨드리는 게 아름다운 내조인 줄 알았다. 마지막으로 아버지 혼자 복숭아 깎는 과도로 발바닥 때를 벗기셨다. 세숫대야 더운 물에 발바닥을 팅팅 불린 다음 과도로 묵은 때를 벅벅 긁어내시는 게 지당한 줄 알았었다. 대학생이 된 맏형 강병길이 맨 처음 자신만의 과일칼을 따로 챙기는 것을 보며 부모님은 혀를 내두르셨다. 동시에 아버지의 발꿈치 때에서 흐르는 단꿀 내음을 처음으로 의심하는 계기가 되기도 했고.

스물아홉부터 14년 동안 교감님 자리를 유지했는데, 젊은 관료는 면 소재지 세 학교인 부석, 강당, 가사 국민학교를 번갈아가며 통근하셨다. 자전거에 오토바이 엔진을 매단 일명 '자전거 오토바이'가 굉음과 함께 밭두렁을 가로지르면 밭 매던 아낙네들이 허리를 펴고 신기한 쇠붙이를 물끄러미 구경했다. 아버지의 '자전거 오토바이' 뒤를 따라 등굣길 조무래기들이 오그르르 따라붙던 풍경이 지금도 삼삼하다.

강 교감님은 수시로 펑크 난 교실을 때우기도 했는데, 누나 강병옥의 5학년 시절.

담임교사의 교통사고 때문에 교감님인 아버지가 임시 담임을 맡게 되었다. 꼼꼼했고 특히 독서와 과학 분야를 재미있게 에둘러 설명했던 편이다.

"지구가 완전히 동그랗지 않고 왜 타원형일까?"

"……."

60년대 재건 시대 소녀들은 부끄러움 때문에도 언뜻 대답을 주저한다.

"지구가 태양계를 따라 빙빙 돌기 때문이다. 공처럼 둥그런 엿을 끈으로 묶어서 빙빙 돌리면 끝 부분이 늘어나는 거와 같은 이치야."

"그러면 나중에 막대기 엿처럼 아예 길쭉하게 되야잖뉴? 돌면서 계속 늘어나니깐."

"아니, 그 사이에 엿이 딱딱하게 굳어서 더 이상 늘어나지 못해. 그냥 타원형 상태로 끝이야. 지구도 마찬가지야."

14년 후인 마흔셋에 교장이 되셨다.

그 학교 평교사 중에서 두 사람이 아버지의 동기생이었다는 사실을 동생 강병준의 5학년 때에 처음 알게 되었단다. 어느 하굣길, 아버지 뒤를 쫄래쫄래 따라가는데 신작로 저편 술청 문이 열리면서,

"강 교장, 막걸리 한잔해."

3학년 담임 김술통 선생님이었다.

"아니, 난 바빠서……."

"이 사람, 쫀쫀하게, 이리 와."

"미안혀. 먼저 갈게."

아버지는 서둘러 신작로를 빠져나왔고, 병준이는 김 선생님의 반말을 이해할 수 없었다. 아버지는 늘 넥타이 맨 정장 차림이었고 두 선생님은 골덴이나 점퍼 차림이었으므로 당연히 아버지가 더 어른스러워 보였다. 갸우뚱하며,

"아버지한테 왜 말을 놓지요?"

"본래 친구야."

동기동창인데 아버지가 이삼 년 빨리 교단에 섰다고 했다. 그때는 교장 임기가 무제한이었으므로 아버지는 교육 관료 자리에만 40년 가까이 머무르셨다. 그 바람에 두어 해 늦게 교단에 입문한 아버지의 동기생들은 평생 관료의 반열에 들어서지 못하고 만년 평교사로 임해야 했다. 교장님이 된 아버지는, 산토끼와 구구단 가르치기에 몰입하는 평교사 친구들을 가끔 안쓰럽게 바라보곤 했고.

슬픈 우리 젊은 날, 신군부 시대

나는 민족과 국가를 위해 몸을 바치려 했지만 겁이 많았다. 아무튼 하숙방에서 망명 정치인 김대중의 녹음테이프를 들었고 판금된 『전태일 평전』(껍데기에는 한용운 평전이라고 쓰여 있었음)을 가슴에 품었다는 자부심으로 두근거렸다. 살아가는 이유를 비로소 터득했으나 세상은 절대로 만만치 않았다.

1985년 그해 여름 신새벽, 소도시 경찰서에 끌려가 있었는데, 이 상했다. 몸이 움직이는 대로 내 행보가 신문에 활자화되어 나오는 것이다. 그렇게 나는 졸지에 소문의 주인공이 되었지만 타고난 심장이 약했다. 풀릴 수 없는 '시국의 혐의'를 찾아내려고 재탕 삼탕 긁어대는 조서 앞에서 나는 초토화로 지쳐 있었다. 그리고 아주 잠깐, 꼭두새벽에 아들을 백차에 끌려 보낸 채 고통스러워하실 어머니를 떠올리기도 했다.

그날 오후, 실제로 어머니가 경찰서까지 찾아오셨다.

먼저 빳빳하게 다리미질한 속옷을 꺼내주셨다. 어머니는 다리미질로 빳빳하게 세워진 칼날 빤쓰의 각이 아들의 무기가 되길 바라셨던 것 같다. 그래서일까. 형사들의 책상 위에 박카스를 하나씩 올려놓을 때마다 쿵, 쿵 지축이 흔들렸다(아, 이제야 가슴이 미어지다니).

학교를 쫓겨난 후에도, 대전 홍도동 시영 아파트로 형사들이 불시에 방문하곤 했다. 그들은 아파트 경비실에도 감시를 부탁했고 입구 구멍가게 할아버지에게도 체크를 시켰다. 내가 아파트 입구에 들어설 때마다 그네들이 먼저 눈웃음치며,

"어디 다녀오세요?"

조심스레 안부를 물었지만 나는 눈길도 주지 않았다. 그네들 역시 착한 민초였지만 경찰들의 아바타들에게 일거수일투족을 체크당할 수만은 없었다. 대학생 여동생 강병선이 외출할 때면 경비 아

저씨가,

"오빠, 어디 갔어?"

"오빠한테 직접 물어보시죠."

"미안해. 자꾸 보고해달라고 해서."

"말하기 싫어요."

그렇게 쏘아붙이자 얼굴이 벌겋게 달아오르며 민망해하더라고
했다.

특히 형사들과는 더욱 긴장된 관계를 유지했다. 어머니는 그네
들이 절대로 집 안에 들어오지 못하게 하였다. 예의 바른 형사도
있었지만 간혹 건방진 인간들도 있었다. 어느 날 불쑥 초인종을 누
른 고양이 상(象) 형사 왈 어머니에게,

"고등학교 선생까지 했던 아들이 왜 그런 짓을 하게 놔둡니까?"

"그런 짓이라니?"

"그럼 잘했다는 거요. 이제 나라가 간신히 안정되고 있는데."

'좌경 용공' 어쩌고 하는 말이 나올라 치면 재빨리 채뜨렸다.

"그렇소. 우리 아들은 고등학교 선생님이었고 지금은 소설가요.
소설이 뭔지 모르시겠지만 좋은 사상을 가진 사람만이 쓸 수 있는
거라우."

공격적으로 문을 쾅 닫았더란다.

그러나 어머니도 시국 우울증에 시달렸던 것 같다. 이따금 밖에
서 전화를 하면 '집에 아무도 없다.'며 하소연하는 것이다. 그게 무

슨 말인지 알 수가 없었다. 어머니에게는 처절한 외로움이나 고독 따위가 절대로 있을 수 없다고 생각했기 때문이다. 그랬다. 어머니의 고통은 무게가 없는 줄 알았으므로, 그때까지는 집에 들어가면 으레껏 밥상이 나오고 양말을 벗으면 자동빵으로 빨고 다려져 나오는 줄 알았다.

아버지는 집엣나이로 68세에 퇴임을 했다(교원 정년 단축 이전이었고 호적이 늦었음). 그때만 해도 정년퇴임 행사를 처음 하던 차라, 사람들이 애경사 치르듯 구름처럼 몰려왔었다. 그 학교 합창단의 축가도 있었고 제자이신 조재훈 교수님의 헌시(獻詩)도 있어서 풍성하며 화려하기도 했다. 퇴임 인사를 하려는 순간 마이크가 꺼졌던 게 기억난다. 어둠 그리고 적막 속에서 잠시 머뭇거리던 아버지가 마이크 없이 그대로 퇴임사를 이으셔서 음울한 분위기였다. 그렇게 반백년 훈장 생활이 마감되었다. 당사자는 멀뚱멀뚱했고 가족들이 더 많이 울었다. 예전 아버지의 동기생처럼 '만년 평교사'가 된 아들이 눈물을 글썽이는데 어머니는 단아하게 앉아 단상만 바라보셨다. 그 후로도 오래도록 부은 발등 식혀줄 작정으로.

아버지의 퇴임 20년 후, 어머니가 넘어지신 것이다

어머니가 입원하시면서 아파트에 혼자 남으신 아버지의 생활이 더 문제가 되었다. 아버지는 80대 후반까지 부엌일을 모르셨다. 어머니가 항상 생선을 찢어서 밥상에 올리셨으므로 아버지는 통째로 올려놓은 생선 도막에 젓가락질을 못하셨다. 냉장고와 냉동고와 세탁기의 위치도 가물가물했다. 그동안 보살핌의 대가가 부메랑으로 돌아올 판이었다. 객지의 자식들 부부가 시간을 쪼개어 번갈아 방문할 뿐 뾰족한 대책이 없었다. 이제 미수(米壽)의 아버지 스스로 밥그릇과 양말을 챙기기 시작하는 것이다.

퇴근길.

아내의 승용차가 여의치 않으면, 나 혼자 두 시간 버스를 타고 '어머니의 병원'과 '아버지의 독거 아파트'를 번갈아 방문하기도 한다. 85세 어머니의 그 엉덩이에 인조 뼈로 갈아 끼우고 부품을 맞추듯 결합시킨 다음 꿰매고 봉했다는 사실이 드디어 리얼 영상으로 구체화되는 것이다.

식탁에 앉았는데 88세의 아버지께서,

"인조 뼈는 십오 년만 지나면 쓸 수 없단다. 엄마가 알면 실망할 텐데."

땅이 꺼지게 걱정하신다. 문득 벗 조성일의 외할아버지가 '90세에 비로소 건강을 염려하여 담배를 끊었다.'는 얘기를 의미심장하게 듣던 장면이 오버랩되었다. 그러거나 말거나 아버지는,

'100세까지 장수하려면 넘어지지 말아야 하고 감기에 걸리지 말아야 한다.'고 다짐하신다. 신새벽, 마루를 닦고 화초 물 주기에 몰입하시는 아버지의 삭은 장작 몸에서 뽀드득뽀드득 어금니 깨무

는 소리가 들린다. 88세의 홀로서기 포즈가 눈부시고 눈물겹다. 사
랑만 없으면 세상이 참으로 한가할 것 같다.

죽음에 대한 풍경 몇 가지

교장 아들인 다섯 살 소년은…….

초상집 안방에서 국수를 먹는 중이었다. 국수와 배추김치 그리고 국화 무늬 박힌 꽃절편까지 포만감을 채우고 일어서려는데 뭔가 눈에 걸렸다. 광목천으로 둘둘 싸인 기다란 물체였다.

"이거 뭐냐?"

발로 툭 차보았다. 화들짝 놀라던 동네 아낙네들이 잠시 후 킥킥대기도 하는데, 유독 어머니의 얼굴만 하얗게 질리는 바람에 소년 역시 뜨악했다.

타탁.

동갑내기 복구가 뒤통수를 맵게 후려친 것이다. 싸움이 벌어졌다. 꼬맹이 둘이서 꼬집고 때리며 악다구니로 뒹굴었고, 고깃국을

많이 먹은 소년이 복구의 배 위에 올라탔다. 동네 아낙네들이 우르르 뜯어말리는데,

"우리 할아부지여. 허헝헝."

밑에 깔린 복구가 서럽게 울음을 터뜨렸다. 망자가 된 복구 할아버지의 관을 구하지 못해 그냥 광목으로 시신을 덮은 채 장례를 치르는 중이었는데 내가 발길질을 한 것이다.

검버섯 할배는 소년을 무던히도 감싸주었다. 그랬다. 그녀는 몸이 아파 늘 숨이 가쁜 와중에도 동네 꼬맹이들을 무진 예뻐했다. 소년이 시누대를 가져다주면 툇마루에서 방패연도 만들어주고 후들후들 떨리는 손으로 발썰매 못도 박아주었다. 그 착한 이웃과의 작별이 내가 겪은 최초의 죽음이다. 죽은 사람은 꼬맹이의 발길질에도 전혀 저항할 수 없다는 특별한 진리를 처음 알았고.

2학기 첫날

40대 중반의 나는 소도시 중학교에서 연구부장을 맡고 있었고 새로 부임 온 교장님과 부장들이 상견례 겸 점심 냉면집으로 이동 중이었다. 능수버들 사이로 빗질한 듯 깨끗한 뭉게구름을 아주 잠깐 가슴에 담았던 것 같다.

순간 청정 하늘 속으로 굉음의 바퀴 소리와 함께 오토바이 영상이 거칠게 가로지르는 것이다. 사내 아이 세 명이다. 맨 앞에서 더벅머리 사내아이가 기마 자세로 핸들을 잡았고 두 소년이 허리

를 바싹 끌어안은 3인 탑승조 오토바이가 초스피드로 질주하고 있었다. 얼핏 하늘을 날아가는 오토바이 풍경이 슬라이드처럼 1초쯤 정지되는가 싶어 '엇!' 입을 벌리는데, 쾅, 둔탁한 소리를 들었을 뿐이다. 그리고 전봇대 아래로 지갑과 볼펜, 담배 개비와 교복 단추 같은 호주머니 잡동사니가 아스팔트로 흩어지는 것이다. 나는 본능적으로 몸을 돌린 채 눈을 감았다.

"죽었다."

그리고 '삐요삐요' 사이렌 소리가 들렸다.

뻑뻑한 육수 탓일까.

면발을 넘길 때마다 사이렌 소리가 목구멍 속으로 밀고 들어와서 목이 메었다. 응고된 피의 영상, 그 뒤숭숭한 바깥 식사 점심시간 50분은 너무 힘들었다. 냉면 그릇을 밀어내고 교실행 승용차에 몸을 담았을 땐 온몸이 식은땀 범벅이었다. 의자 뒤에서 부장교사끼리,

"두 번째 애는 먼저 떨어진 애 몸 위로 겹쳐 떨어지는 바람에 살아난 거야."

"교장님네 먼젓번 학교야. 이 양반, 하루…… 차이로 화를 면했네. 운이 튄 거야."

"맨 뒤에 탄 애는 목이…… 없었어. 가운데 애는 목이 있었지만."

목이 남아 있는 가운데 아이는 180도로 돌아갔더라고 했다. 그 후로도 오랫동안 '인체와 분리된 몸'이 떠올라 수업 시간 중에도 식

은땀 흘리며 숨을 고르곤 했다.

두 해 전, 소도시 터미널이 배경이다

춘삼월, 느티나무 새순의 연초록 빛깔이 하늘로 엷게 번지는 중이었다. 사관생도 차림의 미루나무 청년이 자전거를 끌고 가는 중년의 아낙과 보폭을 맞추며,

"전화 자주 안 해도 돼. 알았지?"

"걱정 마시고 들어가세요. 엄마."

그런 작별의 내용이었을 게다. 핸들을 잡은 채 아들을 올려다보는 어머니의 눈빛 속에 '쳐다만 봐도 배부른 자식새끼'란 문장이 출렁출렁 흔들리고 있었다.

'아, 너로구나.'

딱 떠오르는 것이다. 사관학교 수석 합격생.

기실 스물두 살의 그는 이미 수재 청년으로 지역사회의 명사가 되어 있었다. 제복 명찰의 '김성장'이란 이름을 확인하는 순간 읍소재지 여기저기 펼쳐진 현수막이 오버랩되는 것이다.

'나는 자네 모교의 국어 선생이야.'

그런 문장을 속으로만 옹물며 모자의 작별을 뻘쭘하니 바라보았을 뿐이다. 그랬다. 그는 이미 유명 인사였고 내가 근무하는 시골 중학교에서도 전설적 선배가 되어 있었다. 선생님들 역시 졸업생이 된 그니를 식탁 위에 올려놓고 붙박이 도마질로 술상을 때우

기도 했다. 중학교 시절, 그는 시험 때만 당일치기로 점수를 채우는 겨우 중상위권 정도의 성적이었다고 했다. 장난이 심해 학생부 이진규 선생한테 가끔 쥐어박혔다는 회고를 들으며 교사의 보람을 느낄 뻔했다. 몸이 크면서 마음도 거듭난 것일까, 그가 눈에 띄게 책에 빠지기 시작하더니 고3 때는 최선두를 달렸다고 했다. 그런 행적이 익히 몸에 익었던 터라 모자의 터미널 배웅 실루엣이 더 진하게 다가왔고, 또 금세 잊어버렸다.

그러다가 이주일 후, 아홉 시 뉴스 단신에서 우연히,

'사관학교 수석 합격생의 수술 사고.'

그 소식을 접한 것이다. 그 청년 생도가 수술실에 들어간 후 영원히 마취에서 깨어나지 못했다는 소식을 들으며 어안이 벙벙해졌다. '컨디션이 나쁘다'며 거부했으나 병원의 일정을 내세우며 몰아치기 식으로 수술실에 끌려갔더라고 했다. 그의 의료 사고로 '아기장수 우투리'를 겹쳐 떠올리기도 했던가. 봄밤이 칠흑처럼 어두웠다.

다람쥐 한 쌍 삼천 원

박 선생네 외동딸 수니는 종아리가 삶은 달걀처럼 뽀얀 여덟 살 소녀다. 대학로 '쉘브르 꽃집' 대머리 아저씨와 유난히 친해서 가끔 아이스크림을 나눠 먹기도 했단다. 늦가을, 지방 국립대 후문 쉘브르 꽃집 앞을 지날 때 수니가 박 선생의 팔에 잘싹 매달린다. 소꿉장난처럼 아기자기한 애완동물 좌판 때문이다. 탁구공만 한 털보

송이들이 쳇바퀴 사이로 폴짝폴짝 뛰어다니는 게 눈 속에 쏙 집어넣고 싶다.

– 다람쥐 살래.

수니의 아가위 눈빛을 보며 박 선생은 아주 잠깐 안쓰럽게 눈을 돌렸다. 부부 교사의 딸 수니는 학원이 끝난 오후 네 시부터 혼자가 된다. 아파트 열쇠를 따고 아무도 없는 집안 거실을 향한 '다녀왔습니다'부터 시작되는 혼자만의 중얼거리기 시간을 때워야 했다. 이제 빈 아파트에서 수니만을 기다리는 새로운 생명체와 동거를 시작할 판이다.

"이젠 행복해…… 혼자서는 너무 외로웠어."

수니는 환한 표정으로 단풍나무를 바라본다. 늦가을, 갑작스런 추위로 단풍이 제대로 들지 못하고 누리끼리하게 월동 준비를 하는 중이다.

꽃집 아저씨도 운전대를 잡고 한 손으로 대머리를 쓰다듬다가, 그 가을 낙엽을 아주 잠깐 바라보는 중이다. 나목 사이로 보이는 가을 하늘이 세상에서 가장 아름답다며 봉고차 후진 기어를 넣었다. 뭔가 '툭' 걸린다는 느낌이 들어 혹시 '노점상 좌판을 잘못 건드렸나?' 조금 불안한 마음으로 브레이크를 밟았던 것이다.

대학로 사람들이 '악' 소리와 함께 석고처럼 얼어붙었고, 수니는 그렇게 세상을 떠났다.

플라스틱 물병을 따로 들고 다니는 소녀 이름은 진순이었다. 교실 창문을 가장 먼저 여는 모범생 사춘기 소녀는 태생적으로 '숨 가쁜 병'의 업을 안고 사는 중이다. 어느 날 그 진순이가 나의 첫 시집을 사서 사인을 해달라며 찾아왔다.

첫사랑처럼 설레는 첫 시집 『유년일기』다. 발간 일 년 전부터 베스트셀러를 꿈꾸며 어금니 갈았지만, 당연히 아무런 돌풍을 일으키지 못했다. 내가 근무하던 여학교 아이들이 어지간히 소비해줘서 체면은 세웠지만 시간이 짧았다. 짧게나마 '우리 선생님 책 몰아주기' 돌풍 모션을 취하더니 대략 사나흘 후 밧줄 끊듯 쌍둥 잘라버린 것이다. 글쟁이의 순결성과 세속성의 경계에 서서 그렇게 중년이 지나가는데…….

'3,500원짜리 시집 『유년일기』를 900원에 팜.'

그해 겨울 바자회에서 만난 내 시집은 진순이의 책꽂이에서 뽑혀 나온 것으로 밝혀졌다. 남들의 눈에 띌세라 화들짝 서둘러 시집 『유년일기』를 접수했다. 중고품 바자회에 전시된 내 시집을 내가 사야 남들에게 들키지 않으므로 판매용 광고 문구까지 걷어서 쓰레기통에 쑤셔 박은 다음에야 비로소 안도했다.

그 진순이도 세상을 떠났다.

달리기 도중 숨이 가빠 주저앉더니 영원히 일어서지 못한 것이다. 세상을 떠나기 직전에 나는 대학병원 중환자실에서 산소 호흡

윤중호 유고시집 〈고향

벗들은 그렇게 홀연히 떠나곤 했다. 전교조 오산지회장이었던 이규황이 그랬고 해직 교사 정영상이 그랬고 시인 윤중호가 그렇게 먼저 하느님의 부르심을 받았다. 망자가 된 윤중호의 추모제에서, 조재도 선생과 함께 찍었다. 망자가 살아 돌아와 함께 서 있는 것 같다.

기를 매단 채 시퍼렇게 변하는 진순이의 속살을 보았다. 2학년 5반 소녀들은 모두 하늘나라에 보내는 글씨를 깨알처럼 적어서 학 모양으로 만들었다. 방과 후 화단 뒤뜰에 모여 흐느끼며 종이학을 태우며 영원히 헤어졌다.

십여 년 세월이 흘렀고 그렇게 아픔은 땅속에 묻힌 채 잊히기도 한다. 그러던 어느 봄 아파트 이삿짐을 싸다가 책꽂이 바닥에서 시집 『유년일기』를 만난다. 첫 장을 넘기자,

"영원히 맑은 소녀 진순이에게."

라고 적혀 있다. 바자회에서 다시 사들인 진순이의 그 시집이다. 하

늘나라로 떠난 소녀의 체온이 그렇게 내 글씨로 찾아와 머리맡에서 영원히 함께하는 것이다. 두렵다.

해직 교사 신용길 시인

1989년도에 전교조 교사 대량 해직 사태 때 학교를 쫓겨난 부산 사내다. 불법 단체 전교조 교사들은 폭압 속에서 모두 강철 같은 투사가 되어 단두대에 목을 내밀었다. 일터를 빼앗긴 상처투성이의 몸으로도 동토의 시국과 한번 붙어볼 만하다는 결의가 서던 즈음이다.

"교사는 노동자다."

시 낭송회는 부산에서 개최되었고 신용길 선생이 사회자였다. 김진경, 도종환, 안도현, 윤재철, 배창환, 김종인 등 10여 명의 해직 교사들이 시 낭송회를 마쳤고 다음 순서를 기다리는데 웬 보리 문동(文童) 남자 고등학생이 올라오더니 마이크를 잡았다. 신용길 선생을 가리키며 대뜸,

"쌤은 우리한테 거짓말하지 말라 카고 왜 혼자 거짓말하십니까?"

울툭배기 부산 갈매기.

스승 갈매기와 제자 갈매기가 무대에서 마른침을 삼키는 바람에 나는 '울컥'을 참아내느라고 혼신으로 가슴을 눌렀다.

가장 깨끗한 스승 하나 만났다. 그의 옆에는 사람들이 따르지만 자세히 보면, 모두 깊고 어둡다. 오른쪽 절반이 가려진 스승은 박숙희 선생.

"샘이 안 쫓겨난다고 분명히 말씀하셨는데 결국 쫓겨났잖습니까?"

해직 소식에 문둥이 머스마들이 웅성웅성 거사 벌일 준비를 하는데 선생님이 나타나,

"나는 절대로 안 쫓겨난다. 걱정 마라."

안심시켜서 멈췄다는 것이다. 시국은 급박했지만 행여 아이들이 다칠세라 염려했던 것이다. 내 몸이 분주하여 남을 살피지 못한 탓일까, "해직이 두려운 게 아니라 죽음이 두려운 것이다."라는 시구를 읽으면서도 그가 암 투병 중인 줄 까맣게 몰랐었다.

두 달 후 그도 세상을 떠났다. 임종 직전 병실에서, 환자복 차림으로 한 시간 내내 혼자서 수업 흉내를 내더라는 전언이 가슴을 찌른다. 그는 결국 가슴의 대못을 뽑지 못한 채 영원히 작별을 했다. 죽기 전에 눈동자를 두 명의 맹인에게 기증하였고 그래서 지금도 살아남은 그의 눈동자로 세상의 풍경을 살피는 중이다. 언젠가 그가 꿈속에 발가벗고 나타나 반갑게 끌어안다가 화들짝 깨기도 했었고.

십칠 년 전쯤 되었나

벗 황재학 선생의 부친께서 아흔이 넘은 호상(好喪)을 받아서 다섯 살 아들 강등현과 상갓집에 가던 중년의 어느 날이다. 돌아가는 저수지 언덕길에서 아들이 묻는다.

"사람은 누구나 다 죽어유?"

"그렇다."

"아부지도 죽어유?"

"당근이쥐."

기러기 떼가 저수지 위로 날아가고 있었다. ㅅ자로 줄을 서서 날아가는 기러기 떼의 본능적 의사소통 구조에 잠깐 골몰하고 있었다. 문득 저 풍경을 '자유를 찾아서'라고 이름 붙이고 싶다며 센티멘털에 젖는 중이다.

"할아버지도 죽어?"

"할아버지, 할머니 그리고 삼촌, 고모, 외삼촌, 외숙모 모두 늙으면 죽을 수밖에 없다."

"그럼 내가 어떻게 해야 돼?"

"말 잘 들어야지."

아들의 눈빛에서 아, 하는 안도감을 읽긴 했지만 '앞으로 말을 잘 들어야겠다.'는 다부진 결심을 까맣게 흘려버렸었다.

"말 잘 들으면 아무도 안 죽는 거지?"

"아니, 아무리 말을 잘 들어도 사람은 무조건 죽는다."

아들의 절망을 살피지 못한 것은 순전히 기러기 떼 때문이다. 무심히 고개를 돌리다가 주룩주룩 쏟아지는 아들놈의 눈물 사태를 비로소 발견한 것이다.

저녁놀이 양 볼로 빨갛게 번지는데 창밖으로 낯익은 얼굴 하나가 둥두렷이 떠오른다. 유년 시절의 망자 복구 할아버지가 아들놈의 머리를 쓰다듬는다. 단풍나무에서 내리더니 '너는 살아 있다고 우느냐.'며 지게목발 두드리며 껄껄대는 것이다.

'나이'들

　이웃집 현숙이와 혼성 목간 나들이 중인 유년의 다라 속이었던
가. "숙아, 울 옴마가 그러는디, 난 울어서 배꼽이 이만큼 튀어 나
왔댜." 하면서 아랫배를 둥둥 두드리더란다. 뒤란과 장독대, 외양간
과 짚누리까지 날마다 붙어 다녔으므로 그미가 내 가족인 줄만 알
았다. 그 소꿉소녀와 버들피리도 불고 감나무 밑에서 입 벌린 채
홍시를 기다리던 어느 날.

　사랑방 아궁이 앞에서 '우리가 과연 식구인가, 남남인가'에 대한
문제로 잠시 혼돈에 빠졌다. 식구 같긴 한데 잠잘 때는 현숙이가
언덕바지 감나무집으로 돌아가는 것이다. 김이 푹푹 솟구치던 쇠
죽 솥뚜껑 너머로 어머니가 귀를 기울이신다. 쥐똥나무 부지깽이
를 세운 채,

"느이들도 일가다."

"아닌데…… 성이 다르잖유? 난 '강' 앤 '이'."

"이웃사촌잉께."

그렇게 '이웃사촌'이란 단어를 처음 만났다. 다시 쥐똥나무 부지깽이로 아궁이 안창까지 깊숙이 헤집던 어머니가 벽을 보면서,

"올해도 다 지나갔네. 1963년."

하면서 동여맨 베수건의 탑새기를 털어낸다. 벽에 붙은 커다란 종이의 이름이 '달력'이란 걸 처음 알았다. 아닌 게 아니라 지역구 공화당 이상희 국회의원의 사진이 박힌 한 장짜리 달력 우측 상단에 1963년이란 숫자가 쓰여 있었다.

'아, 1963년.'

'연도'라는 단어를 입력시키면서, 나도 세상의 구성원임을 처음 인식했다. 그 숫자는 오래도록 변하지 않았다. 찐 고구마로 배를 채우고 버들피리를 한참 동안 불다가 들어와도 그대로 1963년도였다. 이튿날도 또 그 다음 날도 똑같이 1963년도였으므로 나는 진짜 그 숫자가 영원히 변치 않는 붙박이인 줄 알았다. 이듬해 국민학교에 입학 직후 1964년도라는 달력을 보며 '숫자는 움직이는구나.' 하며 얼마나 뜨악했는지 모른다.

5학년 신체검사를 받던 날

선생님이 출석부 순서대로 아이들의 생년월일을 불러주었다. 55

년생과 56년생이 끝나고 문정택 다음 내 차례에서,

"강병철 57년 1월 2일."

아이들이 와르르 웃었다. 37명째 부르는 동안 57년생이 처음 나왔기 때문에, 약 1초 동안, 내 나이가 5학년 3반에서 가장 어린 줄만 알았었다. 그런데 아니었다. 내 뒷번호 아이들은 모두 57년생이었고 당연히 나보다 생일이 쪼르르 더 늦었으며 끄트머리 60번 대에는 두 살 어린 친구까지 등장한 것이다. 출석부 번호가 나이 순서로 배치되었다는 사실을 처음으로 알게 된 시점이다.

농사일이 바빠 아이를 두어 해 늦게 입학시키기도 하고, 반대로 어떤 집은 농사일이 바빠 여섯 살짜리를 내맡기듯 일찌감치 학교에 던져놓기도 했다. 절반 정도는 호적이 잘못되기도 했다. 동네 이장이 면사무소 신고를 깜빡 잊거나 면서기의 한눈팔이로 책상 서랍에 묻히기도, 하고 혹시 죽을까 봐 아예 처음부터 첫돌 이후로 미루기도 했다. 어쨌든 나이 차이 확인으로 인한 묘한 기류가 교실에 아주 잠깐 흐르다가 곧바로 묻혀버렸다. 나도 그랬다.

"앤 억울한 나이 먹었어."

어머니는 음력 섣달에 태어나 곧바로 한 살 더 먹게 되는 아들의 나이를 조금은 아쉬워했다. 그런데 그게 양력으로 넘어가면 이듬해 정월생이 되어 올찬 나이가 되는 것이다. 딱 이틀 차이므로 그렇게 음력과 양력에 따라 연도가 바뀌는 반쪽 나이였기에 나는 오래도록 애매했다.

성인이 된 후에도 누군가가, "몇 년 생이죠?" 물을 때마다 호적인 양력 나이로 할까, 음력인 집 나이로 할까를 잠깐씩 고민했다.

소도시 여학교 총각 선생 시절

발령받자마자 새롭게 행복했다. 창틀에 매달린 여고생들이 까르르 손 흔드는 앵두나무 풍경은 예전엔 미처 상상하지 못했던 세상이었다. 이상했다. 대학 시절에 여대생들의 시선을 별로 받아보지 못한 내가 교직 생활과 동시에 '국민가수 조용필'의 권좌에 앉은 것이다. 몸이 허공으로 십오 센티미터쯤 떠다니던 젊음의 막바지 시절이다. 첫 월급 직후 부활절에 무지개가 그려진 계란 폭탄을 선물받았고(가톨릭 학교였음), 교무실 내 책상엔 수시로 꽃사태가 벌어졌고 여기저기서 '함께 놀자'는 러브콜이 있었다. 나는 잠시 오만해졌다. 등 푸른 생선, 팔팔한 젊은 피부와 근육을 겁 없이 내세우려 했다.

착한 소녀 분이가 부활절 달걀을 줄 때도 그랬다. 하얀 계란에 색연필로 아기자기하게 안개꽃과 스마일 태양을 그린 오뚝이 인형 같은 달걀이었다.

"선생님, 이거요."

분이가 주저주저 내미는 계란을 그 자리에서 깨뜨려 한입에 베어 먹었다. 분이는 허탈감으로 울상이 되었었고.

"우리랑 몇 살 차이죠? 선생님."

양력으로 계산하면 나이 차이가 한 자리 숫자가 되므로 고딩 소녀들 앞에서는 그쪽 카드를 내밀기도 했다. 여고생들은 졸업 후 선남선녀 청사진을 그려보기도 했지만, 기실 그때뿐이었다. 막상 졸업과 동시에 그미들끼리의 청춘 쪽으로 싸그리 방향키를 틀었다.

아무튼 이듬해 후배 심 선생의 등장과 함께 인기 팬 절반이 쌍둥 잘려 나가면서 '비행기 탄 내 청춘'도 추락 시기를 맞이했던 것 같다. 브라운관 스타들처럼 총각 선생의 인기도 수시로 흔들린다는 사실을 느끼며 쬐끔 안타까워했다. 두 살 젊은 우윳빛 박 선생이 또 임용되면서 그나마 나머지 절반도 쓰나미처럼 초토화시켰다. 단발머리 열성 팬 서너 명쯤, 오그르르 모여 인기파 두 총각 교사들의 홈집을 찾아 도마질하며 위안의 시간을 갖기도 했다. 그 '흘린 이삭 소녀'들과 오래도록 소통을 약속했었다.

그즈음 세상에 대한 깨우침으로 새로운 눈을 뜬 시점이다. 신동엽과 전태일을 만나면서 감겼던 눈을 떴고 아프게 분노를 삼켰다. 김지하의 시와 김민기의 노래를 부르며 의식화 세상에 격정적으로 빠져들었다. 『실천문학』 3집, 김창환의 장시 「하늘나라 넝쿨장미」를 읽으며 교무실 책상에 엎어져 오래도록 흐느꼈다.

설렘과 불안의 혼재 서른세 살

순전히 예수 탓이다. 인류 구원의 표상이 될 수 없음에도 초조한 자책감 속에서 뒷골이 당겼다. 격변의 시국, 스크럼 속에 몸을 쏟으면서 그 목표가 더욱 선명해지기도 했다. 최루탄 받을 때마다 희망의 유토피아 떠올리며 아, 하는 감탄사를 내뱉곤 했다. 최루탄에 맞서 장미꽃을 던지며 폭폭한 가슴을 쓰다듬다가 목로집 천장에 '민주주의와 빵과 통일과 사랑'을 매달아놓고 새도록 주물렀다.

사는 게 만만치 않았다. 33세 강박증은 갈수록 심화되었으나, 세상은 낭만주의자에게 눈길을 모아주지 않았다. 33세 그해 12월, 나는 음력 섣달 카드를 버리고 양력 정월로 바꾼 채 일 년을 버텼고, 다시 한 해가 흐르자 예수는 서양식 나이므로 만으로는 33세라며 또 일 년을 벌어보려 했다. 대전 목척교 모래밭에 소주병을 파묻고 이따금 흙을 파헤쳐 뚜껑을 따면서 '피도 눈물도 없는 세월의 흐름'을 애달파 했다.

몽상과 깨어 있음의 혼재 속에, 세상의 진리가 날마다 새로웠다. 안개 속 그림자들이 실체로 우뚝 서기도 하면서 강철 같은 희망을 꿈꾸었다. 교과서 문장도 불쑥불쑥 재해석하며 문득, '어, 세월이 예전보다 빨리 흐르네.'를 절박하게 느끼기도 했다. 신문사 비정규직의 와중에 수시로 지하실에서 유인물을 만들었고, 만나는 사람마다 '세상을 바꿔야 한다.'며 글썽글썽 설법했다. 그때까지 사람들 앞에서 나이 밝히기를 주저하지 않을 즈음이다. 그렇게 서른세 살을 보내면서 큰 짐을 벗어내었다.

마흔 살 넘으면서, 벗들이 장학사 시험을 보기 위해 스멀스멀 빠

"제자들이 기다리는 교단으로 돌아가자." 해직 교사 시절. 그해 여름 아스팔트는 뜨겁게 달 구어졌다. 그때까지 주름살이 없었던 조재도, 전인순 선생의 모습이다. 시국을 토로하며 글 을 쓰던 시절이다.

져갔다. 이상하다. '사랑해.' 하고 껴안던 온기가 겨드랑이 사이로 '쏭' 빠져나가는 것이다. 만났다가 놓치며 조금씩 긴장이 풀리면서 세상이 느슨하게 보이기 시작했다.

나도 그즈음 대학원을 들어갔다. 바빴다. 아들딸 둘을 정신없이 키웠고, 야간 자습에 시달리면서 전교조 신문을 돌렸고, 불법 집회 에 한쪽 발 쑤셔 넣었고, 머리칼 동여매고 글을 쓰면서 그제야 삶 의 구체성을 떠올리기도 했다. 그 와중의 대학원 공부는 색다른 리 얼함이었다. 집회와 야간 자습과 글쓰기와 살림살이에 쫓기며 집 행하는 초치기 리포트는 참으로 바빴고 실용적이었다.

그 마흔 살에 책을 내었다. 첫 시집 『유년일기』는 시인 김사인에게 발문을 부탁했다가 그가 늑장 피우는 바람에 조바심으로 2년을 끌다가 쎈뿔여고 김상배 선생에게 토스했다. 처녀 출간을 이루며 비로소 '무엇을 했구나'라는 안개 속 안도감에 젖어보았다. 그즈음 이빨 틈새가 스멀스멀 벌어지는 걸 깜빡 몰랐고.

문학판도 마찬가지다. '선배님.' 하고 품에 앵기던 후배가 어느새 베스트셀러 작가가 되어 브라운관에 나타나면 나는 '질투의 화신' 표정을 재빨리 지우고 느긋한 관리 모드에 들어서야 했다. 그리고 지금도 신새벽 대학 도서관에 매달려 백의종군 작가로 글자 수를 맞추는 중이다.

나이는 '보수와 진보' 양쪽에서 출렁출렁 추월을 넘봤다

전교조도 마찬가지다. 예전에 고(故) 윤영규 선생님이나 정해숙 선생님이 위원장이던 시절에는 그야말로 존경과 다짐으로 환호했고 구호를 외쳤었다. 언제부터였나, '보스는 대선배다.'라는 구도가 깨져버린 것이다. 지천명 안팎의 후배들이 번갈아가며 지부장으로 선출되면서 확실히 나의 집중도가 약해졌다. 나이를 먹으면서 지금은 변혁의 선두에서 분투 중인 이병도, 김금자 같은 지부장급 후배님들에게 소주잔만 채워주는 정도다.

그 옛날 제자들이 강단에 나타나기도 했다.

어느 연수에서는 교수가 된 제자와 눈이 마주치면서 "앗, 선생님도 오셨네. 민망해라."라고 큰 소리를 내서 내 얼굴이 더 빨개지기도 했다. 제자가 낸 시험문제를 시들하게 풀면서 '엉터리 문제구나.'라고 충고할 수도 없었다. 어느새 교장이 된 후배들이 '형님.' 하고 다가와서 승진의 대열로 오라고 권유해서 난감하게 만들곤 했다. 연륜은 반골의 기(氣)를 다독다독 걸러내며 장년의 문서를 받아내려 했다.

이제 초로의 문턱이니 시계추로 치면 '오후 세 시에서 다섯 시 사이'다. 이마에 송충이 세 마리가 붙으면서, 공부와 아예 담을 쌓은 아이들도 밉지 않고 그네들의 돌발성 일탈에도 웬만큼 무디어졌다. 그랬다. 문득 졸음이 쏟아지기도 하고 '가다가 지치면 쉬었다 가자.'라는 가사가 리얼하게 다가오기도 한다. 오늘은 동아리 공문서를 짜깁기하는데 한 녀석이 묻는다. 일주일 징계를 받고 교실로 복귀한 '돌아온 탕아'이다.

"몇 살이죠? 선생님."

"서른아홉에서 멈췄어."

웃기기 위해 엄청 뇌를 썼는데 아무도 안 웃는다. 나 혼자 걀걀걀 뒤집어지는 초겨울 창살로 억새풀이 하얗게 쏟아진다. 하굣길 아이들이 눈꺼풀에 붙은 풀씨들을 호오호 불어 날리면서 아, 또 한 해가 사위여간다.

병원 그리고 봄날의 인연들

1971년도, 서울시 고교 입시 경쟁률은 처절한 소용돌이였다.

평균 5 대 1 안팎이었고 3학년이 된 나는 성적이 조금씩 떨어지는 불안한 수험생 일상을 보내는 중이었다. 70명 중 7, 8등 하던 석차가 15등까지 밀려나면서 절망적 환각에서 허우적대었고.

'난 틀렸어. 포기할 거야.'

그런 가해성 자학에 빠지면서 도피를 위한 몇 가지 몽상에 사로잡혔다. 지구가 폭발하거나 하늘이 무너질 가능성은 절대 없었으므로, 조금은 실현 가능성이 있어야 했는데.

하나는 전쟁이 터져서 입시가 폐지되는 간절함이요, 또 하나는 무거운 질병으로 외부와 완전히 차단당하는 청사진을 떠올리는 거였다. 어느 봄날, 하굣길에서 쓰러지면서 소원대로 실제 환자가 되었다. 무섭고 떨렸지만 공포의 입시 부담은 분명히 사그라졌다.

그날 오후 곧바로 종합병원 수술에 들어갔고 세 시간 만에 중환자 회복실에서 눈을 떴다. 벌떡 일어서는데 간호사가,

"일어서면 안 돼요."

"여기가 어디예요? 누나."

"병원이야. 모르겠어?"

그 와중에도 '아, 제가 어떻게 여기에 왔죠?'라는 드라마틱한 문장을 떠올렸던 것 같다. 어쨌든 의사들은 나를 발가벗긴 채 여기저기 찢고 쑤시고 꿰맸는데, 결과는 오진이었고 그 메스의 흔적과 함께 한평생 지병을 달고 살게 되었고.

공주와 부여의 딱 중간에 위치한 탄천중학교는 교문 바로 앞에 4차선 도로가 있었다

퇴근한 숙직실에서 류승철 선생 그리고 행정실 이재영 주사까지 셋이서 바둑 리그전을 벌였다. 2, 3급 그룹 팀엔 끼지 못하고 한 수 아래 6, 7급 수준으로 바둑 중독증에 빠져 있던 터라 밤마다 천장으로 '검은 돌 흰 돌'이 어른거릴 즈음이다.

그러다가 무심히 시계를 보고 화들짝 놀라 서둘러 빠져나오는 중이었다. 교문 앞 큰길을 나서는 순간 부여에서 돌아오는 빈 택시를 발견하고 재빨리 가방끈 조이며,

"택시."

튀어나오다가 건널목 중간에서 붕 나가떨어졌다. 오토바이 한 대가 동시에 나뒹굴더니 한 사내가 비틀대며 일어서며,

"에이, 진짜 재수 없네."

그렇게 투덜댔지만 얼핏 헬멧 사내 얼굴은 '착함 표'가 붙어 있는 전형적 농투성이 민초의 인상이었다.

"괜찮아요?"

이번에는 아까 눈앞에서 달리던 빈 택시의 기사가 주유소 쪽에서 다시 유턴으로 운전대를 되돌렸다. 허벅지에 손을 대자 바지가 두 뼘 남짓 찢어져서 가슴이 철렁 내려앉았다. 그리고 속살까지 고깃덩이처럼 너덜너덜 파헤쳐지는 감촉이라니.

피가 철철 흐르는데 터덜터덜 다가오며 안부를 묻던 그 택시로 시내 윤정형외과까지 갔다. 류 선생이 수건으로 다리를 싸매 피를 제어시켰고 이 주사가 민초 헬멧의 주민등록증을 접수해줘서 조금은 안심하면서 헬멧 사내에게,

"치료비는 걱정 마십쇼, 이."

그런 철딱서니 없는 말도 던져주었다.

그리고 3학년 1반 담임의 보름간 병원 생활

질풍노도의 사춘기들이 15일 내내 6인용 병실을 들락거렸다. 고마움보다는 난감함이 훨씬 더 컸다. 하필 스승의 날 시즌이라서 졸업생까지 줄지어 찾아와서 여간 민망 사태가 아니었다. 인문계 실

업계를 막론하고 산업체 부설 학교로 진학한 꽁지머리 졸업생까지 우르르 몰려와서 날마다 동창회를 방불케 했다. 스승의 날 당일은 고등학생 열댓 명이 실제로 '스승의 노래'를 합창하겠다며 침대 옆에 2열 횡대로 줄을 맞추려 해서 제지시키느라 죽을 맛이었고.

그래도 우리 반 아이들이 쓴 스승의 날 위문편지는 어지간히 진지해 보였다. 그건 편지라기보다는 온통 반성문이요 고해 성사였다.

'죄송해요. 앞으로는 수업 시간에 정말 조용히 하겠습니다.'

'선생님께서 그렇게 부모님 같은 큰 사랑을 주셨는데 무식하게 떠들어댔던 우리 반 아이들은 증말 나쁜 시키들입니다.'

그러다가 급기야 오버해서,

'너무 착하시면 안 됩니다. 떠들 때마다 제발 싸대기를 찰싹찰싹 때려서 인간을 만들어주세요.'

'선생님, 때려주세요. 헌 집 벽 털듯이, 예배당 종 치듯이 마구마구 때려서 국어 점수를 올려주세요.'

나는 편지들을 침대 시트 사이에 묻어놓고 펼치고 또 펼치며 너덜너덜 행간을 되씹곤 했다. 다시 교실로 돌아가면 꾸러기 벗들과 아주 행복하게 지내리라 마음 다지며.

그런데 아니었다. 퇴원 후 교실은 '돌아온 도깨비시장'이었다.

맨 앞자리 아이와 뒷자리 아이가 삿대질로 여전히,

'떠들지 맛.'

'니가 떠들었잖아. 새봉아.'

를 놓고 진실 게임 격론을 벌였고 예전처럼 분필 던지기 놀이로 송 방송방 시간을 죽이면서 담탱이 스승의 참을성과 한계를 실험하는 중이었다. 이상하다. 풋보리 처녀 교사 김 선생 앞에서는 화석처럼 굳었다가도, 국어 시간만 되면 자갈밭 굴리는 아이들을 나는 끝까지 이해하려고 노력했던 것 같다. 마침내 참을성의 한계에 달했고 나는 석호와 대국이를 잡아 그들이 쓴 편지를 코앞에 찌를 듯이 들이밀었다.

"똑똑히 봐, 인마. 분명히 네 글씨지. 앞으로는 국어 시간에 떠들지 않는다매. 약속을 지켜야지."

석호는 어이없다는 듯.

"그럼 위문편지에 '신나게 떠들겠습니다.'라고 쓰란 말이홋. 국어 선생님이 편지 예법도 모르시나베."

"마땅히 쓸 말도 없는데. 우이 씨, 어쩌라구요. 쩝쩝."

대국이도 울툭배기로 맞장구친다. 아카시아 향기 물씬대는 오월, 악동들의 성장판 눈빛으로 시퍼런 엽록소들이 잘름잘름 넘치고 있었다.

고북중학교 때는 결혼 십 년차로 주말부부 첫해를 맞이했는데 목욕탕으로 울려 퍼진 전화기 소리에 걸려 병원 신세를 졌다. 원래 샤워 때마다 전화 환청이 있었는데 이번엔 진짜였던 것이다. 비누칠 알몸 상태로 전화기 앞으로 돌진하는 순간 쫄딱 미끄러지면

서 몸이 1미터가량 수평으로 붕 떴던 것 같다. 그리고 50센티미터
가량 허공을 헤엄치는 돌고래 질주 자세에서 약 3초 후.

콰—앙.

수평 널빤지 모양으로 낙하한 나는 곧바로 사우나 오징어처럼
몸을 뒤틀었다. 거울에 비친 등허리 맨살이 모세관 현상의 시퍼런
색칠로 올라오는 중이었다.

그 와중에 병원에 대한 불만을 첨부하면, 여의사님은 엑스레이
내용을 자초지종 설명하며 분명히 이상이 없다고 했는데, 외과 과
장인 남자 의사가 불쑥 끼어들어 다시 시티 촬영을 하라고 해서,
통장에서 40만 원을 더 긁었다. 어쨌든 검사 후 '이상 무 판정'을
받으면 환자로선 억울한 촬영비보다는 몸의 안도감에 젖게 되는 것
이다. 사흘 만에 퇴원하면서 강압적 촬영비 따위는 깜빡 잊었고.

문제는 조금만 용을 쓰면 힘줄이 끊어지게 아프다는 점이었다.

종호(태권도 유단자)와 석철이(80킬로그램 범생이)가 치고받고 싸우
는 그 현장에서 내 몸의 물리력 상실을 깜빡한 채 뒷덜미를 잡아
당긴 게 실수였다. 싸움꾼들의 사이를 벌려놓기 위해 힘을 쓰는 순
간 등허리가 시큰하며 꺾인 것이다. 그 바람에 싸움 선수들까지 엉
겁결에 휴전하고 나를 교무실로 데려다 주는 한심한 스크린이 연
출되었다. 게다가,

"살살 부축해. 계단이잖아. 자슥아. 으아악."

고북중학교. 시계추를 돌릴 때마다 눈물겹고 눈부시다. 이제 서른 살이 넘었을 그들이 가끔 그늘이 되어 뒤를 지켜주곤 했다.

비명 소리가 커지자 오히려 싸움 적수끼리 눈빛을 마주치며 키득대는 것이다. 밤꽃 냄새 싸하게 스며들던 40대 중반의 계절이 그렇게 흔들리고 있었다. 나는 또 일 년 만에 학교를 옮겼고.

서산여중 1년차 봄이 왔다(좌우지간 나는 봄을 조심해야 한다)

보수 언론의 '전교조 죽이기'가 쓰나미처럼 밀려오면서, 언제부터였나, 절정에 이르던 전교조 깃발이 불안하게 하강 곡선을 긋던 즈음, 나는 의식화라는 단어를 몸에 달고 다녔다. 세상은 잠들어 있었고 나 혼자 깨어 있던 시국이 분명히 있었다. 노동 해방을 위해 술을 마셨고 민주화를 위해 먹고 걷고 비틀거렸다. 얼핏 '엇, 안

풀리네.' 하는 조짐이 감지되기도 했다. '부어라, 마셔라, 해결해보자'는 카타르시스로 2층 생맥주집에서 머리를 싸매다가, 이번에는 화장실 가던 복도에서 그대로 쓰러졌다. 술과 토론, 그리고 티격태격하는 후배들을 바라보다가 순간적으로 기(氣)가 막혀버린 것이다. 함께 대작하던 조각미남 이진철 선생이 기절초풍하며 한방 병원에 옮겨주었다.

사람 좋게 생긴 주임교수 의사님이 일주일이면 고칠 수 있다며 무조건 입원하란다. 워낙 고질병인지라 긴가민가했지만 곧바로 입원 수속을 밟았고 그래도 인대가 붙지 않았으므로 결국 두 달간 휴직을 했다.

아이들의 면회 숫자가 확연히 줄어든 이유는, 몸이 늙은 탓이다. 나 역시 설렘의 농도가 물렁해지는 것이다. 몇 명의 중학교 1학년 소녀들이 총총총 다가와 뻐드렁니와 흰 얼굴에 주근깨 웃음들을 보내주면서,

"대신 가르치는 선생님이 너무 상큼해요."

약 올리려는 의도는 절대 아니었다. 어쨌든 아픈 선생 대신 펀치히터로 스카우트된 발령 대기 교사 유지현 선생을 칭찬해서 나는 잠시나마 표정 관리에 들어가야 했다. 소위 새내기 팀 중 착한 교사들은 중태기 교사보다 아이들에 대한 배려와 시간 투자가 훨씬 많을 수 있다는 걸 실감했다.

휴직 2개월이 좋은 점도 있었다

'공주 ↔ 서산' 왕복으로 왔다 갔다 하는 주말부부에서 벗어나, 잠시나마 온 가족이 한 둥지에서 지낼 수 있었으니 악화가 양화를 구축해준 셈이다.

식솔들을 모두 출근시킨 봄날은 고요하고 따뜻했던가.

환자 혼자 묵은 설거지를 하거나 베란다 화초에 물을 주기도 하다가 수요일 8시 25분 이금희 아나운서가 진행하는 KBS '아침마당' 프로를 보며 가슴을 여미기도 했다. 가족들이 아프게 재회하는 영상에 취해 눈물을 줄줄 흘리면서 살아가는 사연의 다양함에 세포가 쭈뼛쭈뼛 서는 느낌이었다.

그러다가 오후 내내 맞벌이 여덟 살 딸이 집에 돌아오는 시간을 청승맞게 기다리곤 했다. 열쇠 구멍 따는 소리와 함께 힘차게 소리 지르는 하굣길 신고식의 외로운 목청도 가슴을 아프게 했다. 딸내미 강주현은 아파트 문을 열고 선생님이 시키는 대로 날마다 텅 빈 공간을 향해 혼자서 소리쳤다고 했다. "아부지, 오마니 무사히 다녀왔습니다."라고.

그 후 오래도록 아파트 천장을 향해 귀가 보고를 하는 어린 딸을 떠올리며 시큰거리곤 했다. 언제부터였나, 학동들보다 집에서 키우는 내 아이가 먼저 생각나는 소시민으로 바뀌는 중이었고.

6인실 병실에 들어서자마자 주름살이 나이테처럼 치렁치렁한 할아버지가,

"무슨 병이쇼?"

"담낭암입니다."

"앗, 그래욧. 나도 담낭암인데 반갑습니다."

동병상련, 그야말로 이산가족 상봉하듯 뛰쳐나와 뜨겁게 부둥켜안더라는 것이다. 표정이 밝아질 때마다 지렁이 주름살이 고무줄처럼 늘어졌다가 팽팽하게 당겨지기에 자신감이 붙은 표 선생이,

"할아버진 몇 기신데요?"

"5기요."

너무 쉽게 대답해줘서 깜짝 놀라는 중인데 보호자석에 있던 꼬부랑 할머니가 파리채 휘두르며,

"당신이 무슨 5기요? 3기요. 3기!"

"무슨 소리여. 의사 선생님이 40일밖에 안 남았다고 했으니까 5기가 맞는 거여. 헐헐, 우리 할망구가 저렇게 정신이 없어서요. 분명히 5기가 맞다니까."

딱 부러지는 노익장의 표정에서 왕년의 마초 근성이 불끈불끈 튀어나오더라고 했다. 40일 후 그는 세상을 마치며 자기주장을 몸으로 증명했다.

어떤 이별들에 대하여

첫 이별은 할머니다.

할머니는 완행버스를 두 번 갈아타는 대산 양조장 큰아버지네서 사셨고 가끔 우리 집에도 오셨다. 집안 행사 때마다 친손자와 외손자들 여남은 남짓이 돼지새끼처럼 오그르르 매달릴 때 나는 항상 뒷전에서 빙빙 돌며 멀거니 손가락 빨아대곤 했다. 다른 피붙이 형제들이 환장한 채 달라붙는 저 인기 스타 할머니 옆에 결코 다가설 수 없다고 지레 자포자기했기 때문이다. 결국 아무도 없을 때만 비실비실 할머니 어깨에 기대곤 했었는데, 어느 날 동네 할머니들이 모인 자리에서 나를 가리키며,

"얘가 나를 제일 잘 따라요."

첫 순위에 올려놓은 것이다. 그 칭찬이 얼마나 놀랍고 기뻤는지

모른다. 그 후 자신감으로 사랑을 표현하기 시작했다. 방학이 시작되자마자 큰댁에 머물러 할머니와 동거 날짜를 꽉 채운 다음 개학 전날 저녁 울면서 부석행 버스를 타곤 했다. 한번은 버스가 출발하기 직전에 할머니가 포도송이를 건네주셨다. 나와 고종사촌 동생 혜숙이는 글썽글썽 포도를 먹다가 버스에서 뛰어내렸다. 펑펑 울음을 터뜨리며 악다구니를 쓰자 난감해하던 할머니가 나를 따라 우리 집에 오시기도 했다.

그리고 개학.

할머니를 억지로 끌고 왔지만 기실 날마다 불안한 하굣길이었다. 혹시 가셨으면 어쩌나 초조한 생활 사흘째.

문을 열자 찬바람만 휑하니 떠 있는 것이다. 소년 혼자 문고리 걸고 거울 앞에서 세 시간쯤 울었다. 큰집의 할머니도 내가 보고 싶어 우셨다고 해서, 참으로 기뻤고.

대학 졸업 직후 첫 교단

총각 선생은 자전거 통근을 했다. 시내 하숙비는 8만 원이고 도보로 이십 분 구름산 아래는 7만 5천 원이라서 경비 절약 겸 운동으로 핸들을 잡고 페달을 굴렸다. 아름다움도 있었다.

논두렁 밭두렁 지나 교정을 향해 바큇살 굴리는 청년 교사의 풍경이다. 그 로망은 퇴근길 만취 때문에 수시로 망가졌다. 사람과 기구가 합체된 채 두어 번 논두렁 아래로 데굴데굴 구르면서 개판

첫 발령지였던 그 학교는 '성모의 밤' 행사를 아주 정성스럽게 준비했었다. 나는 크리스천은 아니었지만 촛불의 분위기와 소리의 울림에 취해 감상에 젖곤 했다. 여고생을 가르치던 총각 선생 시절, 낭창낭창 흔들리던 풋보리 소녀들이 지금은 '누님 같은 꽃'이 되었고……

몰골이 되곤 했는데.

돌연 자전거가 사라졌다.

'고인돌 주막집'에 받쳐놓고 평교사끼리 술을 마셨는데 누군가가 홀러덩 타고 가 날아버린 것이다. 아팠다. 이제 다시는 자전거와 이별을 당하지 않겠다. 새로 구입한 자전거는 음주 모드에 돌입하기 직전 번호 열쇠와 철사 줄로 칭칭 전봇대에 동여맸다. 뛰는 놈 위의 나는 놈이랄까, 이번에는 아예 펜치로 끊어버리고 훔쳐 가버린 것이다. 하숙비를 아끼기는커녕 자전거 값만 두 배로 늘어났다.

연탄불 푸른빛이 비수처럼 파고들던 무서운 시국의 막바지 즈음이다. '장밋빛 청사진들'을 비웃으며 의식화 서적들을 꺼내 들었다. 분명히 그랬다. 세상은 잠들었고 우리들만 깨어 있었으므로 변혁의 행보에는 아무나 동참하는 게 아니라고 자신했다. 반골성 낭만도 조금 있었다. 지친 시국, 머리끝에서 발끝까지 사랑하겠노라 노래 부르다 보면 자존심만큼 희망이 보이는 것도 같았다.

1985년 그해 여름, 해직 교사의 작별이 가장 아픈 장면이다

문공부 납필증까지 받아 집필한 무크지 『민중교육』을 서울 여의도에 있는 모 고등학교 교장이 시교육청에 불온서적으로 신고하면서 사단이 터진 것이다.

'민중교육 당신의 자녀를 노리고 있다.'

고즈넉한 소도시 고등학교가 발칵 뒤집혔다. 우르르 마녀사냥에 편승하면서 '개구리에게 던지는 돌멩이'가 우박처럼 쏟아졌다. 신문 기자가 어느 관료에게 물었다.

"책은 읽어보셨나요?"

"읽을 가치도 없다."

그렇게 착한 스승들을 하이에나처럼 물고 뜯고 찢었다. 동시에 '지금까지가 현실이고 앞으로가 미래다.'라는 당연한 명제가 리얼하게 가슴을 후빈 것이다. 내가 가르치던 소녀들이 소스라치면서 보호막을 펴주기도 했다.

여름방학 보충 수업 마지막 수업.

다른 반에서 몰래 숨어 들어온 아이들까지 교실을 꽉꽉 채웠다. 때까치처럼 재잘대지 않고 먹머루 눈동자만 고정시키고 있었다. 아무 일도 없었다. 수험생 대비 문제집을 넘기면서 중요한 부분에 밑줄을 긋게 하는 마지막 입시 교육을 진행시켰을 뿐이다. 그리고……

"그동안 행복했습니다. 좋은 사람 되셔요."

무슨 말인가 남기고 싶었는데 더 이상 말이 터지지 않았다. 복도로 나와 가슴만 쓰다듬으며 '든든한 사랑이여'라는 문장만 주술처럼 되뇌고 있었다. 이튿날 신새벽, 초인종 소리와 함께 경찰서에 끌려갔다.

1989년 탄천중학교에서의 치킨 게임 절정의 시절

내가 쫓겨날 때보다 100배쯤 많은 선생님들이 단두대에 목을 내밀었다. 시대의 아픔이 교사의 기쁨이었던가. 구호를 외쳤고 또 끌려가서 법정에 서는 고초를 스스로 선택하며 사랑의 날을 벼렸다. 나도 동참했다. 유인물을 돌리고 교육과 역사를 토로하는 마이크를 잡았고 글을 쓰고 최루탄 속에 묻히기도 했다.

상처받고 지치기도 했다. '시시포스의 돌'처럼 올리고 또 올려도 끝이 없는 것이다. '이제는 참교육이고 나발이고 못해먹겠다.'며 '죽을 테면 죽어라.' 행주처럼 젖기도 했다. 안쓰러이 손을 끄는 동지들의 얼굴과 안타까이 잡아끄는 식솔들 틈새에서 뒤척이고 술을 마셨다.

그리고 오 년 후 전별식.

마흔 살 중태기 교사는 전별 인사를 나누는 사열대 위에서 엉엉 울었다. 착한 교사와 나쁜 교육자로 이분되던 시국, 그 학교 오 년 동안 참으로 지난한 사연을 거친 것이다. 집회에 나가려 할 때마다 관료들이 새벽 문간이나 터미널 부근을 지키던 민망한 풍경 뒤안길이다.

그 사이에 쫓겨난 벗들은 연달아 세상과 작별했다. 담장 밖 스승의 그리움이 지병으로 악화된 탓이다. 이순덕, 남광균, 신용길, 정영상, 배주영 동지가 저 푸른 자유의 하늘로 떠났고 나는 그때마다 추모시를 썼다. 그 설움이 이임 인사 사열대 위에서 한꺼번에 울컥 터진 것이다. 담임선생을 따라 평평 울던 1학년 1반 중딩 꾸러기들이 서른 중반 텁텁한 아저씨 아줌마가 되었고.

조재훈 선생님과의 술자리 헤어짐이 나를 공포에 떨게 만들기도 했다

지난 겨울, 조동길 교수님 네 번째 창작집 『어둠을 깨다』 출판 기념 밥상을 약식으로 마감한 뒤끝 후 몇 자리를 더 옮긴 것 같다. 이차구차 모임이 끝나고 윤여관 선생이 췬장인 신관동 대학로 '이 야기 가게'에서 병맥주 몇 병 비우고 나오는 길이다. 이제는 우리가 진짜로 헤어져야 할 시간.

공주대 삼거리에서 나는, 선생님이 또 택시를 타지 않으시고 구(舊)다리 건너 집에까지 걸어가신다고 할까 봐 조마조마했다(선생님은 술자리 후 택시를 타지 않고 항상 댁에까지 걸어가신다). 아니다 다를까, 선생님은 공주대 후문에서 나를 집에 보내려 하시는 것이다.

"들어가라. 나 혼자 저기를 걷고 싶다."

눈발 사이로 꽁꽁 언 캠퍼스를 가리키신다. 영하 십오 도 시베리아 찬바람이 살을 에게 파고드는 오밤중이다. 하늘 뚜껑이 터졌는가. 폭설이 칠흑 같은 어둠 속으로 쌀자루 터지듯 눈발을 퍼붓는 중이었다.

'안 됩니다. 큰일 나요.'

말하지 못했다(나는 스승에게는 무조건 복종해야 한다고 생각하는 단순형이다). 그 대신 기어드는 소리로,

"제가 동행하겠습니다."

"아니다. 혼자 가니 따라오지 마라."

도대체 고희를 넘긴 노(老)학자가 엄동설한의 대학 캠퍼스에서 무엇을 찾으러 방황한단 말인가. 결국 나 혼자 아파트로 돌아오면서 하룻밤의 생사 안부가 얼마나 길고 무서운지를 알았다. 꽁꽁 언 노학자의 알몸이 떠오르면서 실종이나 행방불명이라는 단어가 연달아 이마를 찍는 것이다. 소심증 제자는 이튿날 전화도 못한 채 '영원한 이별 공포'에 시달렸다. 그렇다. 지구가 폭발할 수도 있고 하늘이 무너질 수도 있지 않은가. 한 달쯤 지나 공식석상에서 우연

히 조우할 때 나는 아, 탄성을 지르며 오래된 가위눌림에서 벗어날
수 있었다.

반세기 전 이슥한 밤

열여섯 옥이 이모와 이웃집 석순이 누나가 시장통 천막극장 흑
백 영화 구경을 끝내고 돌아오는 오솔길이다. 이모네 집은 서낭당
지나 전나무골 옴팡집이고 누나네는 갯마을 염전의 초가집이다.
갈림길에서 문제가 생겼다. 막상 옥이 이모네 집에 도착했으나 석
순이 누나 혼자 돌아가야 할 밤길이 막막한 것이다. 이모가 스스
로 나서서 누나네 집까지 언덕 넘고 물 건너 바래다주었다. 그런데
이번에는 거꾸로 이모가 집에 가길 무서워하며 발발 떤다. 누나가
다시 집에서 나와 이모네 집까지 아까 왔던 밤길 그대로 바래다주
고 되돌아가야 하는 것이다. 마찬가지였다. 혼자서는 갈 수도 없고
보낼 수도 없는 난감한 사태다. 다시 이모가 나와 바래다주었고 또
거꾸로 누나가 바래다주면서 뿌옇게 밤이 흐른 것이다. 헤어질 수
없는 그미들은 서낭당 아래에서 서로 끌어안고 엉엉 울다가, 신새
벽 패랭이꽃 무더기로 남았다던가. 지금은 그런 슬프고 아련한 사
연들과 이별 연습 중이다.

제발 벗기지 마셔요

겨울 날 땅거미 스멀스멀 밀려오던 7교시.

한 해의 마무리 글쓰기 주제는 '내 친구의 슬픔'이었다. 대개 '옆집 할머니 돌아가신 내용'이나 '불장난으로 홀라당 타버린 친구네 루핑 집'이나 '쥐약 섞은 멸치 먹은 강아지의 죽음' 등이었는데 찬욱이 것만 유독 제목이 다르다.

'덕호한테 말하면 절대로 안 돼요.'

'비밀 동지'의 약속부터 시작하는 것이다.

면 소재지에서 시내버스로 20분쯤 더 가는 산골 분교에서 일어났던 초등학교 시절 이야기다. 2학년 때 담임님께서 산수 시험 꼴찌 점수를 맞은 덕호를 불러내어 두어 번 쥐어박다가 홀라당 깝데기를 벗겼다는 것이다. 팬티를 벗고 울멍울멍 서 있는 덕호의 표정에 '구겨진 고무신'이라는 은유를 사용했다. 뒷자리를 힐끗 보니 정작 덕호는 그때까지 아무 생각 없이 자신의 글짓기에 몰입 중이다. 곧바로 황혼이 유리창을 빨갛게 물들이면서, 옛날 유년 교실의 조각난 스크린이 겹쳐지는 것이다.

국민학생 시절

1학년 때부터 4학년까지는 남자끼리만 배웠고 5, 6학년 때는 남녀 합반이었는데, 먼저 2학년 때의 기억이다.

2학년 담임님은 기실 인기도 좋은 편이었다. 날마다 토끼뜀이나 싸대기 날리는 선생님이 무섭기도 했지만 악동들은 '선생님의 매는 사랑의 선물'이라고 배웠으므로 증오심은 전혀 없었던 것 같다. 하지만 선생님은 가끔 오버했다. 그날은 산수 문제를 모두 틀린 순철이를 교단에 세우더니,

"바지 벗어라."

'툭' 던지는 것이다. 순철이는 짐짓 당황했으나 잠시 후 홑바지를 내렸고 그대로 맨살이 드러났다. 사타구니 사이로 번데기만 한 고추가 달라붙은 아랫도리 맨살을 보면서 아이들이 배꼽을 잡고 웃었다. 언제부터였나, 창밖으로 옆 반 아이들도 송사리 떼처럼 달라붙어 마른 비듬 떨어뜨리는 중이었다. 그런데. 순철이가,

"후어어어엉."

화들짝 놀란 이유는 그니에게서 터져 나온 슬픔의 표현 때문이

다. 그때까지 순철이는 날마다 쥐어박히고 종아리나 맞는 무기체로 살아가는 줄 알았던 것이다. 그 아픈 울음소리는 비로소 나에게, 모든 생명체에는 '자아'가 있음을 깨우쳐주었다. 불과 20년 후 순철이는 사업 수완이 좋은 젊은이가 되었고 어른이 되어서는 제일 먼저 승용차를 몰았다. 그랬다. 담임님은 순철이의 20년 후를 내다보지 못한 채 '투명인간의 알몸'을 요구한 것이다.

그니의 배다른 동생 순임이는 '오자미 사건'으로 소문을 탔다.

오자미는 헝겊 주머니에 콩이나 쌀을 넣고 바늘로 꿰맨 것으로 주로 여자들이 가지고 놀았다. 운동회 때 '오자미로 바구니 터뜨리기 시합'이 있었으므로 그즈음이면 운동장이건 복도건 여자애들의 오자미가 사방에서 허공을 갈랐다.

엄마 없는 순임이는 오자미가 없어서 날마다 느티나무 밑에 쪼그려 앉아 구경만 했었다. 처녀 교사 김 선생님과 순임이의 눈시울이 말갛게 마주쳤다. 처녀교사 그미의 단발머리로 전기가 자르르 올라오는 중이다.

"혼자 앉아 있니? 친구들과 안 놀고. 쓸쓸하게."

"으아아아아."

김 선생도 눈시울 번진 채 어깨를 들썩였다. 이튿날 책상 위로 익명의 선물을 받았고 순임이는 날마다 꽃무늬 오자미를 애지중지 끌어안고 다녔었다.

어느 날 교실 바닥 널빤지에 동그랗게 구멍이 난 자리로, 순임이의 오자미가 쏙 빠져버렸다. 오자미를 건지기 위해 손을 집어넣었는데 막상 들어간 손이 도저히 바깥으로 빠지질 않는 것이다. 담임님과 교감님까지 달라붙어 용을 썼으나 아무 방법이 없었다. 순임이는 엉엉 울었고, 악동들은 마룻바닥에서 분리되지 않는 순임이의 손을 톡톡 건드리며 박장대소를 터뜨리기도 했다.

마침내 학교 아저씨까지 등장하여 톱으로 마루를 썰었다. 우리들은 행여 손이 다칠까 봐 조바심하면서도 톱날의 움직임을 흥미롭게 지켜보았다. 그렇게 반 시간 가까이 공을 들여서 간신히 널빤지를 잘라낸 것이다. 살았다.

그런데 이상했다. 널빤지 아래에서 그때까지 오자미를 꽉 움켜쥔 순임이의 손이 드러난 것이다. 담임님이 조심스럽게,

"손바닥 펴봐라."

순임이가 오자미를 놓자 손가락이 펴지면서 그대로 쏙 빠져나오는 것이다. 그러니까 오자미를 움켜쥔 만큼 손의 부피가 커졌고 그 바람에 마루 구멍의 공간이 막혀 손이 빠지지 않았던 것이다.

5학년 때 담임님은 '때 검사'를 한다며 소녀들의 윗도리를 벗겼었다

기실 1학년 때부터 해온 용의 검사의 연장이었다. 선생님은 저학년들을 수시로 운동장에 세워놓고 윗도리를 벗기고 팔 벌린 자

세로 목을 젖히게 한 다음 꼼꼼하게 '때 검사'를 실시했다. 그 다음 교문 옆 연못에서 목을 닦으면 시커먼 땟국물이 뚝뚝 떨어지는 것이다. 학년이 올라갈수록 여자애들이 저항의 표시를 내기도 했으나 그런가 보다 했다.

담임님은 여자들이 컸다는 사실을 아주 쪼금만 인정했다. 즉 남자애들을 교실 바깥으로 쫓아낸 상태에서 '때 검사'를 실시한 것이다. 아아악. 비명을 질렀지만 그냥 소강상태로 버티다가 결국 소녀들이 밀리고 말았다. 사춘기 입문 직전 소녀들은 알몸으로 떨다가 담임님이 다가서면 어깨를 오므려 맨가슴 면적을 최대한 좁히려 안간힘을 썼다.

쫓겨난 고추잠지들은 환장할 지경이었다. 창틀 옆에서 폴짝폴짝 뛰다가 악동 순서로 겁도 없이 신발장 꼭대기에 매달려 마른침을 삼키기도 했다. 와르르. 신발장과 하늘 지붕이 동시에 무너질 수 있다는 사실도 처음 알았다.

김진숙의 '소금꽃 나무' 사연이다

그니는 지금 2011년 1월 6일부터 오늘까지 한진중공업 고공 크레인에서 농성 중이다. 소금꽃은 노동자들의 작업복에 배인 땀방울이 말라붙어 굳은 소금 결정체를 말한다. 어린 날부터 노동 현장의 신산고초를 거친 그니가 마침내 '일과 사랑과 공동체'를 꿈꾸며 골리앗 크레인에 올랐고 사람들은 조바심하며 희망버스를 준비하는 중이다.

그니의 열아홉 버스 차장 시절.

배차 주임과 남자 기사들로부터 알몸 검사를 당했다고 적혀 있다. 소위 삥땅 검사를 빙자해서 풋보리 버스 차장 아가씨들에게 '벗지 않으면 경찰을 부른다.'고 해서 속옷까지 벗겨놓고 비싯비싯 웃더라고 고백했다. 아프다. 나는 절망의 순간에서는 눈을 감고 장막을 내리는 비겁한 습성이 있다.

중학교 때는 양호 선생님을 제외하곤 단 한 명의 여자도 없었다

수학 선생님은 수시로 사춘기 소년들의 성기를 만지는 괴짜 교사(?)다. 문제풀이를 못하면 벌칙 대신 아랫도리를 만지기도 했지만, 어떤 때는 아무 이유도 없이 예쁘장한 아이를 불러, '손 올렷!' 명령한 다음 사타구니 사이를 스멀스멀 헤집는 것이다. 먹잇감들은 여기서도 이중성을 보였다. 끌려 나온 친구가 낙지 대가리처럼 새빨갛게 똬리 틀면 나머지는 구경꾼이 되어 우히히히 배꼽을 잡는 것이다.

내가 끌려 나간 건 순전히 꾀꼬리 때문이었다.

어디서 날아왔을까. 옆 학교 담벼락에 내려앉은 황금 깃털과 아주 잠깐 마주친 것이다. 아름답다. 날개치지 않아도 깃털에서 빠져나온 무지개 색깔이 하늘로 폴폴 번지는 것이다. 그 황홀함에 취한 순간 수학님의 덫에 걸려버렸다.

70

"오십 대 맞을래, 손 올릴래."

손을 올리진 않았지만 가랑이 사이로 파고드는 '선생님의 나쁜 손'을 막아내지는 못했다. 순간 꾀꼬리가 화들짝 날아가는 바람에 내가 '아─' 신음을 내뱉자 수학님이,

"재밌냐?"

비싯거리는 바람에 아이들이 배꼽을 잡았고 그만 나까지도 벌겋게 웃어버렸다.

'가계도 그리기'는 내 글쓰기 수업 프로그램 중의 하나였다. '어머니'라는 주제보다 '아버지의 일생'이라는 전기문을 받는 게 상상력 차원에서 효과적이라고 생각했다. 아이들은 대개 '즐거운 나의 집'을 주제로 제출했고 나는 과제물 받는 즉석에서 빨간 볼펜으로 교정을 봐주는 순발력 주특기를 활용했을 뿐이다. 그런데 일주일이 지나도록 '아버지의 전기문'을 내지 않던 정인이가 쭈뻣쭈뻣 접힌 편지를 보여준다. 내용은 딱 한 줄.

'제발 이 정도로 합시다. 저희 집을 발가벗기지 마세요.'

아찔했다. 나는 겁도 없이 '정인이네 집 알몸 공개'를 요구한 것이다. '네가 극복해야 할 문제'라고 얼버무렸던 내 방어적 언동을 오래도록 자책했다.

2012 학습연구년을 맞이하여 생전 처음으로 학교를 쉬었다. 나는 안식년이라 부르며 '토지문화관 → 연희문학창작촌 → 마라도 창작 스튜디오'까지 원정 가서 글보다 술독에 빠지면서 행복한 시간을 보냈다. 그동안 너무 바쁘게 살아서인지, 팬더처럼 굼뜬 엉덩이 뭉개고 싶기도 했다.

다시 순임이 이야기다

총기 밝은 소녀는 그해 종업식에서 우등상을 탔다. 하지만 설렘으로 가슴이 뛰었을 뿐 막상 집에 가봤자 칭찬해줄 사람도 없었으므로 아무에게도 자랑할 수가 없는 것이다. 혼자 상장을 수십 번 들여다보다가 혹시 하는 마음으로 옆집에 갔다. 그런데 하필 옆집에서도 대판 부부싸움을 벌이는 중이라 들어갈 수가 없었다. 사립문 앞에서 한참을 서성이다가 토방에 주저앉았더란다. 그리고 추녀 사이로 쏟아지는 회색빛 햇살이 그리도 아름답게 보였더라고 고백했다.

언제부터였나, 이따금 나도 그미를 떠올리며 토방에 앉으면 '순임이의 햇살'이 그대로 쏟아졌다. 아름다웠다. 그런데 포근하게 덮였던 홑이불 햇살을 걷어내면 순임이의 알몸이 고스란히 드러나는 것이다.

2장

6년째 연애 끝

내가 왜 지갑을 채우는지 아니?

90년대 초반.

내가 전교조 공주지회 지회장이고 이재영 선생(지금은 교감님이
된)이 사무국장 시절이다. 그는 농부와 마초 두 가지가 혼재된 생김
새로 끊임없이 좌중을 웃겨주었다. 전교조 일일 찻집이나 전국 교
사대회 대절 버스에 오르면 영화배우 이대근 스타일의 그가 마이
크를 잡으면서 참석자들을 쪼르르 인사시킨 다음 노래자랑 사회
를 본다.

"다음 출연자가 부르실 노래는유, 공주 장날 천막극장 콩크르
대회에서 양재기를 탄 21세기 초대형 실력자인디유. 오늘 일 등의
영광을 누리시면 제가 축하의 의미로 팡팡 쏩니다. 이만 원 한도
에서."

그 도치법 문장의 뒤집기 재미를 내가 그대로 복사하여 작가회의 글쟁이들 앞에서,

"오늘은 팡팡 쏩니다. 이만 원 한도에서."

라며 낄낄대곤 했었다. 그런데 언제부터였나, 단순 우직한 시인들이 거기에서 '이만 원'이란 단어만 쏙 오려내어 나를 '푼돈의 쪼잔남'로 낙인을 찍는 것이다(그때 내 월급은 90만 원이었고 이만 원은 2012년 기준으로 오만 원의 가치가 있었음). 솔직히 내가 지갑을 더디게 열어서가 아니라, 글쟁이 폭주(暴酒)족들의 '밑 빠진 독'을 감당하기 위해 얇게 나누어 여러 차례 쏘았을 뿐이다.

인천의 경동목재 서맹원 사장의 어린 시절

그가 아홉 살 동갑내기인 나를 부석면 오일장에 데리고 가더니 한판 제대로 쏘았다. 먼저 풋사과다. 7월 중순 장마철에 떨어진 1원짜리 풋사과를 두 개 사서 하나씩 나누어 먹었다. 그 다음은 풍선껌이다. 풍선껌은 단맛이 완전히 빠져나가도록 온종일 씹다가 기둥에 붙여놓고 일주일 내내 '떼었다 붙였다' 하며 씹었으므로 가죽처럼 딱딱해질 때까지 공짜 맛에 취할 수 있었다. 그 2원짜리 풍선껌을 두 개나 사서 나누어 씹으니 세상이 황홀했다.

길목에서 국화빵도 사주었다. 빵틀은 연탄불 뚫린 구멍이 가로세로로 다섯 개씩이니 도합 25개다. 주전자에서 아주 묽은 밀가루 반죽을 따르면 빵틀에서 금세 싯싯 소리를 내며 달구어졌다. 곧바

로 앙꼬무치를 한 고리씩 떼어 밀가루 반죽 속에 배분한 다음 다시 그 위에 밀가루 반죽을 살짝 덮는다. 손잡이를 돌리면 빵틀이 뒤집어져서 양쪽에서 골고루 노릇노릇하게 익는다. 국화빵은 1원에 두 개씩 하다가 곧바로 곱으로 올라 1원에 하나씩 팔았다(나중에 알고 보니 그가 쓴 오일장 턱은 그니의 아버지가 준 저금 돈 15원이었다).

그는 일찍 사회생활에 뛰어들었기 때문에 가방끈이 짧다. 내가 재수생 시절에 공짜 술을 먹기 위해 그의 일터인 동인천역 애관극장 근방에서 어슬렁거리며 취하면,

"지금 실컷 마시고 이다음에 대학 졸업해서 출세하면 그땐 네가 사라."

굳은 결의로 고개를 끄떡였지만, 그는 '맨땅에 헤딩 실력'을 바탕으로 경제력을 확보해놓았으며, 현재와 미래 모두 술값 계산은 그의 지갑이 열릴 공산이 크다.

야간 중학생 때는 원효로에서 무교동까지 통학을 했는데……

웬만하면 한 시간가량 걸어 다니면서 차비를 아껴 아이스케키나 삼립빵을 사 먹었다. 버스표 한 장과 얼음과자 하나 값이 비슷했는데, 항상 버스의 종착역까지 걸어온 다음 주머니를 털었다. 학교 앞 가게는 버스표를 받고 물건을 팔았으니 일종의 유가증권인 셈이다.

그날은 친구와 시청 앞 골목 지름길을 빠져나오는데, 웬 불량사

탕 고교생 셋이서 팔을 잡아끈다. 친구는 어느새 도망쳤고 나 혼자 먹이사슬에 걸린 상태다. 눈썹 위로 손톱 크기의 얼룩배기 점이 있는 고교생이 단추를 풀더니,

"10원 있니?"

"없는데요."

"뒤져서 나오면 그땐 1원에 한 대씩이다."

돈은 없었고 버스표만 두 장 있었다. 나는 '일단 들어온 돈은 손에 피가 나도 빼앗기지 않는다.'는 신념을 가지고 있으므로 주머니의 버스표를 손아귀에 옮겨 쥔 다음 다섯 손가락 끝에 힘을 꽉 쥐었다.

"그럼 맞으려고?"

어둠 속에서 휙 소리가 났다. 주먹이 날아올 줄 알고 방어 자세를 취하는데 옆차기가 날아온 것이다. 나는 벽으로 말려난 채 이를 악물고 참아냈다.

"아직도 돈이 없니?"

"버스표가 있지만 줄 수 없어. 이건 내가 차비를 아끼느라고 한 시간 동안 걸어온 거여."

설레설레 도리질만 쳤다. 연달아 발길질이 날아왔고 나는 매를 고스란히 받으면서 끝까지 손가락을 펴지 않겠노라 연신 주문을 외웠다. 그가 여유 있게 웃으면서,

"너 같은 애들 여럿 봤거든. 근데 결국은 주게 되어 있어."

그가 주머니칼을 꺼내자 전깃줄 소리가 윙- 하고 울렸다. 날카로운 칼날이 목에 닿는 순간 섬뜩했지만 나는 이미 목숨을 걸고라도 빼앗기지 않으려 작정했던 터이다. 그 후 손에 쥔 버스표는 땀에 젖어 너덜너덜해 있었지만 나는 잘 말리고 다려서 알뜰하게 사용하였다.

신군부 직후 어둠의 시국

나는 총각 선생이었고, 코스모스 졸업한 2년 후배인 습작 시인 이재무는 대략 6개월 정도 백수 생활을 했었다. 그는 고향집 부여군 석성면으로 가는 길목인 논산역에 내려 나를 부르곤 했다. 불시에 하숙방 옆구리 걷어차며 술을 청했고, 나는 스프링처럼 튀어나가 허리띠 끄르고 몸을 풀다가 나중에는 '아군과 적군의 구별이 불가능한 고주망태 몸뚱이'로 뒤엉키곤 했다. 어느 여름날이었던가. 관촉사 앞 가겟방 목로에서 술을 마시던 그가 완전히 맛이 간 상태로,

"지금 떠나겠어."

지금 당장 이 어둠 속으로 하염없이 떠나겠다는 뜻이었다.

"시인의 몸을 만들 거야. 아무데서나 쓰러져서 내 몸을 학대할 거야. 머슴살이를 하건 식당 일을 하건 나를 내동댕이치면서."

"미쳤나? 안 돼! 너는 지금 주민등록증도 없잖니?"

그러거나 말거나 그는 지금 이 터널 어둠 속에 몸을 밀어 넣고

진정한 떠돌이가 되겠다며 결의에 찬 표정으로 일어서는 것이다. 나는 벌떡 일어나 앞을 막고 사정했다. '간다' '못 간다' 서로 옥신각신하다가 나중에는 서로 멱살 잡고 육두문자를 날리며 싸웠다.

"가더라도 내일 새벽에 떠나라. 오늘은 자고, 제발, 이 정신 나간 놈아."

"위대한 시인의 길을 당신이 무슨 자격으로 막아. 꺼져."

기어이 뿌리치는 것이다. 그가 사라지고 나 혼자 울멍울멍 막걸리 한 병을 더 시켰다. 혼자 마시는 술은 취기를 더해갔고 마침 때까치 한 마리가 '우지끈 뚝딱' 삭정이를 떨어뜨리면서 갑자기 불안감이 엄습했다. '이 철부지 선수는 술만 취하면 이 모양이야. 아, 이 인간과는 절대로 만취하도록 마시지 말아야지.' 다짐하며 오돌오돌 떠는데, 한 시간쯤 지났을까, 고목나무 뒤로 홀연 그가 나타났다. 나는 반가움을 참으면서 마음속과는 반대로,

"왜 왔어? 간다고 했잖아."

"하필 차비가 없네."

그가 풀이 죽어 아까보다 옹색해졌으므로 나는 한결 자신만만한 표정으로,

"걸어서 가란 말이야. 그렇게 속을 뒤집어놓았으니 당장 실천해."

"주민등록증이 없어서 검문에 걸릴 것 같아."

"대시인의 길에 무슨 거추장스럽게 주민등록증이냐? 그냥 가

라굿."

그리고 삼십 년 세월이 흘렀다. 그는 신산고초의 동정을 거치면서 교과서에 등장하는 시인이 되었고 나는 여전히 글 쓰는 교사로 자리매김 중이다.

고교생 상수는 그 실업계 고등학교의 물리력 순서로 맨 끝지이다. 그래서일까, 그의 피신처이자 활동 무대는 주로 내가 혼자 근무하는 도서실이 되었고, 그가 툭하면 내 방을 열었다. 하루는,

"오천 원만 꿔주세요. 선생님."

군말 없이 꺼내주었는데 그대로 길이 나면서 다음에 또 똑같은 소리다. 차차 이력이 붙으면서 아예 갚을 생각을 안 하는 것이다. 네 번째 꿔줄 때는 내가 약이 올라,

"이번에 꿔주면 또 안 갚을 거 아니냐?"

"갚습니다. 분명히."

그는 그렇게 다섯 번을 꿔 가서 딱 두 번만 갚았다. 게다가 한번은 내가 먼저 조바심하여,

"왜 일주일 전에 꾼 돈을 갚지 않니?"

"그런 적 없는데요."

오리발 내미는 바람에 '내가 헷갈렸나.' 아리송할 정도였다. 아무튼 CCTV가 작동되지 않으므로 두 사람의 진술 중 하나가 틀린 것이고 이를 증명할 방도는 없다.

"그때 사서실 문을 닫은 다음 네가 쉿, 하면서 꿔 갔잖아?"

"그건 기태인데요."

"그럼 걔보고 가져오라고 해."

"걘 요새 학교 안 나오는데."

그러고도 겨울방학 10일쯤 남기고 또 꾸러 나타났다. 이번에는 확실히 증거를 남겨야 할 것 같아 교무수첩에 '상수 5,000원'이라고 써놓았다.

"자, 여기에 이름을 쓰고 사인해."

그리고 이틀에 한 번씩 꿔 간 돈을 독촉했다. 그는 '내일요', '모레요' 연장하다가 결국 내가 전출하는 날까지 무소식이었다. 이임식은 아홉 명의 교사가 동시에 전출하는 바람에 눈인사도 못하고 쓸쓸히 나왔다. 그리고 다음 날 나머지 물건을 가지러 그 학교를 마지막으로 방문했는데, 상수가 뛰어왔다.

"선생님 여기 꾼 돈요. 나머지는 나중에요."

천 원짜리 세 장을 내준다. '나머지 돈 만 이천 원은 받지 않을게.'라고 안심시키지 못한 채 그냥 작별을 고했다. 그 후 언제였던가, 졸업 후 주유소에서 아르바이트를 하는 그를 만났는데, 나에게 일회용 휴지를 네 개나 서비스했으니, 꿔 간 돈 중에서 사천 원은 갚은 셈이다.

쾅쾅쾅 택배 왔어요

누가 뭘 시켰냐며 뜬금없이 받아들였는데
군대 간 재용이가 어버이날이라고
꽃과 함께 내가 좋아하는 한과를
두 상자나 보내왔는데

— 「어느 어버이날」(김충권)에서

시인 우진용은 그때 소도시 중학교의 국어 교사였고 그날은 학교 축제의 행사로 '가족노래자랑'을 진행하는 중이었다. 심사위원이던 그니의 눈에 유독 식구가 많았던 가족이 눈에 띈다. 단아한 부부와 다섯 자매의 포근한 하모니가 무대 조명 사이를 짠하게 그어가면서 감동을 주었고, 세월이 흐르면서 금세 잊어버렸던 것 같다.

어느 날 우진용 시인과 슈퍼 평상에서 캔맥주를 마시다가 김충권 목사를 만났는데, 초면끼리 서로 '어.' 하며 기억을 더듬는 시늉을 한다. 우진용 시인이 그제야 생각났다는 듯,

"젊은 분이 왜 그렇게 식구가 많았지요."

김 목사는 벌개진 채 우물쭈물한다. 그는 오리지널 피붙이 둘과 바깥에서 들어온 정붙이 셋을 합쳐 다섯 남매가 지금까지 함께 사는 중이란다. 지금은 모두 청년이 되어 대학생이나 직장인이 되었고 남자들은 군복무 중이다. 재용이는 부사관으로 입대했고 정훈이는 귀신 잡는 해병대가 되었으며 신학대를 졸업한 진수는 늦깎이 군악대가 되었다. 재용이는 임관하는 날 김 목사 부부에게 거수

경례를 붙였고, 어버이날은 꽃과 한과를 두 상자나 보냈으니, 지난 (至難) 속의 감동이랄까, 차돌이 눈물 되게 가슴 시리다. 나는 착한 사람을 만나면 자꾸 거미줄을 쓴 것처럼 조마조마하다.

나는 현재 대산고등학교 소속이지만, 학습연구년을 맞이하여, 교직 생활 기십 년 만에 처음으로 기나긴 안식의 시간을 누리고 있다. 지금은 주로 함께 연구년을 맞이한 (역시 교과서에 등장하는) 시인 최은숙 선생과 공주대 도서관에서 글을 쓰며 안식의 여유를 느끼는 중이다. 어제는 최 선생이 돈을 찾기 위해 도서관 1층 현금지급기 앞에 서 있는데, 생머리 여대생 셋이서 때까치처럼 재잘거린다.

"아, 팔만 원밖에 안 남았어. 핸드폰비 내고 나면 이만 원뿐이야."

"내가 왜 돈을 뽑는지 알아, 지갑이 텅텅 비면 뽀대가 안 나가든."

"나는 폐가 신고 낼까 봐 비워지면 꾼 돈으로 채워 넣는 거야. 크크크."

그 소리를 듣던 최 선생이 빙그레 미소를 짓자 생머리 세 개가 바닥으로 자르르 쏟아지면서 꾸뻑 인사하더니,

"교수님인가 보다."

하면서 총총총 사라진다. 지갑이 비어도 젊은 봄들은 참으로 눈부시다.

39년 만의 동창회, 20년 만의 동창회

중학교 동창회에 다녀왔다.

39년 만에 상봉하는 야간학교 올빼미 출신 옛 동지들이다. 구로역 4번 출구에서 가장 가까운 식당을 열면 매캐한 숯불 연기 사이로 하얀 이빨들이 옥수수처럼 쏟아졌던가. 단절된 필름들이 꾸불 텅꾸불텅 펼쳐지면서 예전의 까까머리가 아슴아슴 겹쳐지기도 했다. 황홀했다. 그리고 왠지 예정된 각본처럼 당연하게 느껴지기도 했다.

그런 것이 세월일까. 주름살 패인 골을 다리미질 옷차림으로 덮어내는 초로들의 풍경도 오래전부터 예고된 형태로 등장하는 것이다. 아무튼 벗들은 반백의 버스 기사가 되고 인쇄소 사장이 되고 돋보기 한의사나 대기업 명퇴 사원, 그리고 일찌감치 하늘나라

함법화가 된 전교조가 절정에 치달리던 즈음 나의 젊음은 기울고 있었다. 치킨 다리와 생맥주를 해결한 채 주먹을 쥐다 보면 가로등이 희뿌옇게 비춰주고 있었다. 헤어지자마자 벗들이 그리워졌다.

에서 자리 잡은 벗들도 있었다. 그 수두룩 군상 틈의 글 쓰는 사내 하나, 조개처럼 입 다문 것은 낯설음에 대한 소심증 탓이다.

가물게 오래 크기 위해 밥알을 아껴 씹던 시련의 시점

우리들은 세상이 만만치 않음을 일찌감치 체득했다. 버스 차장 누나들은 새벽부터 통행금지 직전까지 콩나물시루에서 팥죽이 되었고 또래의 여공들은 공단의 닭장 틀에서 실타래를 뽑고 기름밥 먹으면서 구겨진 종이돈과 끈적끈적한 동전들을 연신 밑 빠진 독 속에 채우고 싶어 했다.

시국처럼 사방에서 목을 죄었다.

'월남에서 돌아온 새까만 김상사'의 기미 자국도 그랬고 역전의 용사 예비군 아저씨들이 운동장에서 기합받는 풍경도 뜨악하지 않았다. 경찰관 아저씨들은 장발족 청년들의 머리카락을 잡아당기며 닥치는 대로 가위질했고 미니스커트 입은 아가씨의 허벅지에 콧김을 뿜으며 줄자로 길이를 재기도 했다. 후리늘씬 미루나무 형님 누나들이 경찰 제복만 보면 허둥지둥 골목길로 숨는 장면에서 나는 어른이 되어서도 해방될 수 없는 물리적 수모를 예단하며 일찌감치 미래를 절망했다. 나중에 (대입 재수생 시절이었나) 최인호 원작 「바보들의 행진」에서 병태와 영철이 경찰관을 피해 딸랑딸랑 도망 다니는 스크린조차 나는 전혀 우습지 않았다. 신체를 훼손시키는 영상 앞에서 깔깔대는 관객들과 합체될 수 없었으므로.

또 있다. 원효로 어디쯤 신호등 앞이었나, 노란 바리케이드로 네모진 공간을 만들어 '교통 위반자 계도소'라고 이름 붙이고 교통 법규에 어긋난 시민들을 두어 시간씩 가두는 법칙이다. 주로 바쁜 일상의 민초들이 '빨간 신호등 앞에서 빨리 건너려다' 계도소에 갇힌 채 초조하게 경찰들의 혜량을 기다렸다. 아기 업은 중년의 아낙이나 자전거 수리공이나 배추 장수 같은 민초들이었다. 가장 발을 구르는 사람은 철가방을 든 자장면 배달부였다. 40대 후반의 작달막한 아저씨 역시 '빨간 불을 빨리' 지나치려다 붙잡힌 것이다.

'자장면 불면 쫓겨나요. 아저씨. 네네.'

발을 동동 구르자 서비스인지 특별히 10분 뒤에 보냈다. 그래봤자 자장면 가락이 이미 팅팅 불었겠지만 그나마 봐준 거라며 굽신거렸다. 저만치 승용차 속 아득한 나라 신사 숙녀들이 클랙슨 빵빵 누르며 무심히 스쳐 가기도 하는데.

그랬다. 배가 고프면 사랑도 고팠다

자취방 골목길 돌아오다 보면 창살 틈으로 웃음소리가 와르르 쏟아지는 것이다. 저 행복한 유리창에 섞이고 싶어 담장에 기대어 '성냥팔이 소녀'로 까치발 서서 훔쳐보곤 했다. 빵과 과자를 산더미처럼 쌓아놓고 '하하하' 샴페인과 웃음꽃을 터뜨리는 풍경이 스크린처럼 좌르르 밀려가는 것이다. '나도 집에 가서 저렇게 했으면 좋겠다.'는 신기루 행복이 쌩하니 거품으로 날아가곤 했다.

세상의 여자들이 모두 천사처럼 뽀유스름하게 보였다.

그중에서 딱 세 사람, 어머니와 누나와 누이동생만 천사의 대열에서 걸러졌다. 피붙이라는 이유로 탈락된 그녀들은 나를 위해 헌신하고 보살펴주는 게 당연했다. 그 대신 안개 나라 천사들과의 간극을 벌이기 위해 늘 멀리 거리를 두어야 했다. 천사는 바위 위에서 수평선을 배경으로 생머리 흩날리기도 바쁘므로 열등감 덩어리 중학생을 접하러 올 하등의 이유가 없었다. 주근깨 소년 역시 천사류의 외면을 기꺼이 받아들였다.

그즈음이었나, 교지 편집실 문간을 기웃거리던 소년은, '글 쓰는 스승'을 미래의 꿈으로 규정했다. 공부쟁이와 꾸러기의 혼재 속에서 그럭저럭 상위권 성적을 유지했지만 외로움에 시달렸다. 거의 날마다 일기를 쓰며 마음을 달랜 것이다. 그리고 일기의 행을 잘라서 이리저리 고치기도 하면서 시(詩)처럼 운율을 만들기도 했다. 어느 오월의 오후이었나, 시 한 편을 들고 편집실 문을 조마조마 두드렸을 때 먹테 안경의 선배가,

"이거 진짜 네가 쓴 거니?"

갸웃대던 그 물음을 대번에 '희망의 등불'로 규정했다. '나도 할 수 있는 무엇이 있다.'를 동아줄처럼 꽉 쥐고 또 확인하면서 안개 속 미래의 내 모습을 구체화시키곤 했다. 그건 섬마을 훈장의 모습이다. 일과를 마치고 앉은뱅이책상에서 날 새워 파지를 마냥 구겨 던지는 낭만적 그림 정도였다. 만약 그 꿈을 이루면 아이들을 절대로 때리지 않겠노라고 결의도 다졌었고.

중학교 시절 가장 길게 끈을 댄 벗은 조시형이다

나는 1학년 2반 8번(번호는 키 순서임)이었고 그는 같은 반 24번이었는데 우리들은 이름보다 '8번' '24번' 이런 식으로 번호를 불렀다. 야간 중학교 자취생이던 나는 신당동 그의 집에서 더운밥과 두붓국을 얻어먹기 위해 무던히도 방문했다. 그가 부재중이면 동화극장 맞은편 2층집 만화방에서 나타날 때까지 죽쳤다. 임창, 박기

당, 권옹의 만화를 완전히 독파하다가 동화극장 '꼬마 신랑' 간판 앞에서 서성거리면 그가 슬며시 나타났다. 뚜껑 있는 식기와 국그릇을 보면서 자취생 소년은 울컥 고향집을 떠올리기도 했다.

야간 중학교는 오후 네 시에 시작했는데, 그는 툭하면 오전 내내 집안 대학생 형이나 집안 삼촌들과 고스톱을 치곤 했다. 돈이 없으면 버스표가 유가증권처럼 오가면서 한갓지게 오가는 화투패를 나는 조마조마하게 구경했다. 야간 중학교는 오후 네 시에 시작했는데, 세 시가 넘어도 시형이가 일어설 기미를 보이지 않아, 내가 '빨리 학교 가자.' 졸라댔지만 그는 화투판에서 바위처럼 달라붙은 엉덩이를 뗄 기미를 보이지 않아,

"나 혼자 가랴?"

울상으로 등굣길을 재촉하다가 대문 쪽으로 나가면,

"내 심정 알지?"

하며 여전히 일어서지 않은 채 고스톱 패를 돌렸다.

나머지는 대개 끊어졌다. 그가 중동고등학교에 다니던 시절 벗 박훈영의 미국 이민을 환송하기 위해 박종렬, 현용주, 조천문 등 여섯 명이 모여 자장면을 먹고 탁구를 치고 기념사진을 찍었지만 곧바로 잊어버렸다.

오로지 조시형만 만났다. 재수생 시절 무교동 뒷골목에서 내가 죽상으로 신세 한탄을 길게 늘어놓자, 이미 SKY 대학생으로 입문한 그가 그럭저럭 받아주다가,

"너, 죽어라."

시빗거리를 던지기도 했지만 나는 맞설 전의를 상실했었다.

군대에서 휴가를 나오거나 하면 그가 다니던 신촌 골목에서 막걸리를 마셨다. 오십 대 중반 이후 그를 통해서 중학교 동창회까지 진출했고, 그날 조시형이 30년 전 문장을 사과하는 바람에 뻘쭘하기도 했다. 나머지 벗들은 너무 늦게 만나서 전성기의 모습을 놓친 게 못내 아쉽다.

다음으로 20년 만의 동창회는 탄천중학교 제자들과의 회동이다

탄천중학교는 복직 첫 학교였고 그때까지 나는 30대 중반의 민주 교사가 되고자 결의를 다지던 시절이다. 희망과는 달랐지만, 세상은 가끔씩 바람의 실체를 쥐어주기도 했고 벗들은 그렇게 헤어졌다가 만났고 만났다가 헤어짐을 반복했다.

농촌 아이들은 대개 넉넉지 않았고 '크고 작은 질곡과 행복' 속에서 성장하는 중이었다. 루카치의 『별을 보는 마음』을 쓰다듬으며 아이들에게 5·18을 가르쳤고(그때까지 5·18은 금기 사항이었음) 운동권 노래 「솔아솔아 푸르른 솔아」를 소개했고 『마침내 시인이여』에 수록된 고은, 이은봉, 김용락의 참여시를 읽어주었다. 참교육 마크를 달고 집회에 참석했고 치킨집에서 '젊은 그들끼리' 닭다리를 뜯으며 최루탄 가루를 털어내었다. 거대한 골리앗과 한판 승부를 꿈꾸며, 행여 마음이 더렵혀질까 봐 은장도를 옆에 두고 잠들던 시절

이었던가.

그리고 20년 후 어느 날 내가 근무하던 학교 도서실로 찾아온 웬 남정네가,

"강병철 선생님이시죠?"

보험이나 카드 외판원으로 생각하고 대충 넘어가려는데 그가,

"제잡니다."

했다. 20년 전 제자 조현상으로 확인되면서 장롱 속에 처박혀 있던 필름들이 좌르르 재생되기 시작했다. 그가 주먹 짱이었던 기억이 병뚜껑처럼 툭 튀어 오르는 바람에 스무 해 전 제자들의 주먹 서열을 가늠해보기도 했다. 그리고 끈이 닿는 벗들의 근황을 들으며 잠시 센티멘털에 빠졌다.

그때까지만 해도 나는 '기계 작동' 면에서, 다른 선생님들과 별로 차이가 없었다. 핸드폰 출몰 이전의 시대였으므로 다 함께 공중전화를 사용했고 가리방 글씨로 시험 문제를 만드는 게 지당했던 시대다. 대부분은 오토바이나 직행버스를 타고 다녔는데 나는 완행버스와 직행버스를 번갈아 타고 다녔다. 일손이 아둔했지만 주어진 일을 기피하지 않는 체질이었고.

일부러 3학년 담임을 지원하면서 야전군의 잰걸음 시간을 보냈다. 실업계 지망생들은 1학기 내신으로 학교가 정해졌으므로 나머지 2학기엔 마땅한 프로그램이 없었다. 문병란 시인의 노랫말 「직

녀에게」를 함께 부르며 카타르시스를 느꼈던 것 같다. 초겨울이 되면 실업계 진학 팀끼리 싸리비 하러 국동리 수풀을 헤집기도 했다. 아이들은 건달 일꾼처럼 싸리비 한 주먹씩 쥐고 오그르르 수다를 떨곤 했었다.

적금 타기 전날이었던가. 싸리비 베러 가서 첫눈을 맞이하기도 했다. 작년까지 간호사가 희망이었던 순이는 미싱을 타러 청계천 상가에 들어가겠다고 했다. 정규 고등학교에 진학한 예전의 벗들이 찾아오면 극진한 팔짱 끼고 백화점 시식 코너 찾아 먹을 것 한번 질리도록 안겨주겠다고 떠벌리던 풍경도 삼삼하다. 사랑한다는 것은 센티해지는 것일까. 수시로 제풀에 취해 물기에 젖곤 했다. 싸리비 자르던 벌판에서 시누대 대궁으로 몽기작거리다 보면 여전히 눈이 여렸다

'느이들은 그렇게 떠나가겠구나.'

그렇게 가물대는 목소리들이 벼랑 끝으로 주저앉아버리곤 했다.

그리고 20년 후 스승의 날

그들이 옛 스승을 불러주어서 나는 다른 약속을 접은 채 참석했다. 주로 객지로 나가지 않고 지역사회에서 터를 잡은 중년의 토박이 후보들이 모인 자리이다. 줄기를 잡아당기자 소도시 골목길이나 아파트 어디쯤에서 묻혔던 얼굴들이 고구마 뿌리처럼 주르르 뽑혀 나온 것이다. 속 썩이던 벗도 있었고 얌전이라서 기억이 가물

가물한 벗도 섞인 범생이표와 악동표의 혼재였다.

연락책 조현상을 필두로 정상규, 김경호, 최영환, 한은남, 조은중, 이미영, 김진실, 이종승 등 스무 명 남짓이 아슴아슴 드러났다. 시골 처녀 이미영은 졸업 후 첫 해후인데 20년 전의 담임에게 A4 용지로 편지를 써 왔다. 한때 고시생이었던 정상규는 그의 청년 시절 공주대 도서관에서 여러 번 조우했었으며 국문학도 제자 전병문과 자리를 가지기도 했다.

한은남은 웅진신문 기자를 겸으면서 동지적 입장으로 집회나 취재 현장에서 가장 많이 만났으며 제자로선 유일하게 그미의 결혼식장에도 참석했었다. 결혼식 후 신랑신부가 퇴장하려는데, 사회자가 신랑에게,

"나는 봉 잡았다를 세 번 복창하시옷."

그예 시키는 바람에 꽃미남 신랑이 만세 삼창을 했던 게 기억난다.

일식집 주방장인 김경호는 '수일식'에서의 회식자리나 시끌벅적 호프집에서 만났는데,

"김경호입니다."

"아, 작은 키에 팔씨름 잘하던 애."

라고 단칸에 되살려내었다.

최형환은 번호 앞자리 4번으로 해해 웃기 잘하던 조무래기 멤버였는데 킥복싱의 근육질로 바뀌어 충남대회 챔피언까지 먹었다

고 했다. 가족끼리 영화관에서 우연히 만나 그의 승용차를 타고 오다가 헤어질 때,

"선생님과 따뜻한 자리를 갖고 싶어요."

그 말을 흘려들어 '이제 영원히 못 만나겠구나.' 후회하는 중에 만난 것이다.

이종승은 나이 삼십에 우리 집 컴퓨터 기술자로 우연히 방문했기에 스승이 먼저,

"이종승이지?"

물었는데 정작 내 이름을 잊은 채 '강병규' 어쩌고 우물우물하기에 타박을 주었던 '익은 배' 같은 사내고.

기실 그네들끼리도 첫 모임이었다. 서른일곱, 예전의 중학교 졸업반 청소년들은 저마다의 일상에 빠져 잊었던 20년 전 얼굴 확인에 빠지기도 했다. 그리고 교사의 체벌 같은 옛이야기와 중년으로 변한 세월의 회한과 턱없이 작아진 모교 이야기도 했다. 아무튼 시골학교의 입학생 수는 '가뭄 날 웅덩이'처럼 팍팍 줄었다. 그땐 한 학년이 180명이었는데 어느새 30명도 못 되는 '바람 빠진 풍선'이 되었고 지금도 연신 쪼그라드는 중이라고 했다.

그러고 보니 예전 담임선생의 나이가 딱 지금 제자들의 연배였다. 참교육 티셔츠를 판매하며 술을 마셨고 빈 시간이면 담벼락 아래 텃밭에서 채소를 키우던 그때 나는 그래도 젊었었다. 채소밭은

원래 '박종건 선생 → 강호금 선생 → 백남용 선생'으로 대물림되었었는데 그들이 전출 간 후 내가 삽자루 주인장으로 나섰었다. 그랬다. 시간이 지나면서 건달 농사꾼에서 쪼금씩 벗어날 수 있었다. 처음 가꿀 때는 쪼글쪼글하던 애호박들이 매끈하게 커갈 때쯤 나는 그 학교를 떠났다.

중년의 제자들이 홍도 백도 황도로 제각각 꽃필 즈음 나는 백남용 선생과 자리를 빠져나왔다. 장학사가 된 옛 담임 동지 백 선생에게 라이터를 붙여주자 승용차 불빛들이 신호등 아래로 줄을 잇는다. 그날 밤 끙끙 앓았다. 시국의 소용돌이, 그리고 골리앗과의 대결을 꿈꾸던 중년의 영상을 떠올리며 자다가도 벌떡 일어나 베란다에서 서성이기도 했다.

곡선들의 그늘진 기억에 대하여

'사라호' 태풍이 쓸고 간, 5·16 쿠데타 그해 겨울.

다섯 살 소년은 감나무 꼭대기로 달랑거리는 '조선의 홍시'를 바라보는 중이었다. 늦가을 수확 마감 후에도 두어 개 정도는 꼭 까치밥으로 남겼다는 조상들의 그 '넉넉한 서정'의 홍시다. 그때 빨 랫줄에 널린 까만 꽃무늬 홑청이 바람에 쏠리는가 싶더니 순식간 에 지붕 위로 날아가버리는 것이다. 아이는 토방에서 벌떡 일어나 울부짖기 시작했다.

"오재미이- 오재미."

'오자미'는 헝겊주머니에 콩이나 팥을 넣고 바느질로 봉하여서 공 모양으로 만든 장난감 주머니이다. 주로 누나들이 공놀이하듯 허공에 던졌다가 받아내곤 했는데, 나중에 낡고 닳으면 실밥 사이로 콩알이 줄줄 새어 나오기도 했다. 오자미 겉싸개가 이불 홑청과 색깔이 똑같아서 화들짝 놀란 아이가 '오재미가 날아간다아.' 소리를 지른 것이다.

어머니는 태연히 웃으셨고 추녀 끝에 사다리를 놓고 지게 작대기를 잡아당겨 홑청을 끌어내렸을 뿐이다. 이상하다. 그 이불 껍데기가 곡선으로 흩날리는 그 순간 초저녁 잿빛 배경이 우울하게 머리를 감싸는 것이다. 동시에 나의 미래가 음습한 저물녘 색깔일 것이라는 직감이 스쳤다.

가정방문하던 수미네는 개울 건너 은행나무 집이다

징검다리 길목에서 은행을 줍는 아낙의 엉덩이가 금세 개울물에 빠질 듯 둥그렇다. 그랬다. 샛노란 은행 열매는 손에 닿기만 해도 구린내투성이였다. 그래서 자루에 담은 은행 알들을 맨 먼저 흐르는 개울물에 푹신 삭힌다. 그 삭힌 은행 자루 곡선들을 장화로 꾹꾹 눌러 잘디잘게 부숴 물살에 쓸려 보낸 다음, 단단한 은행 알만 남긴다. 그렇게 뽑아낸 은행 알들을 그늘에 오래도록 말렸다가 다시 각질의 껍데기를 깨뜨려 투다리집 술안주로 등장시키는 것이다.

나는 일주일째 무단결석한 수미네 농막을 방문하는 총각 선생이었다.

수미는 펄쩍펄쩍 뛰며 반가워하더니,

"선생님 저는 실업계에 갔으면 큰일 날 뻔했어요. 아무리 공부를 잘해도 제 얼굴로는 취업을 못 한대요."

나는 여자들의 미모를 구분하지 못하는 체질이다. 그래서 나는 물고기와 곤충과 우주인과 미녀의 얼굴은 개체의 구분만 다를 뿐 똑같은 빵틀의 생산품이라고 말뚝 박았던 때다. 하지만 순이는 일찌감치 외모에 절망했으며 동시에 쾌활하게 해소시킬 수도 있었다. 순이는 생김새 탓으로 어린 시절부터 사내아이들로부터 놀림을 받고 이유 없이 돌멩이를 맞기도 하면서 성질이 더러워졌다며, 히히덕거렸다.

다시 태어나면 반드시 미스 코리아로 탄생하겠다며, 그미는 은행나무 포대자루를 흔들었다. 문득 은행 자루에서 빠져나온 구정물 곡선이 쥐불놀이처럼 파란 불꽃으로 치달리는 것이다. 아무튼 그 후 열심히 글자를 팠고 면사무소에 근무하더니 곧바로 둥지를 틀었고 족제비 같은 공주님을 둘씩이나 뽑아내었다.

칠팔 년 전쯤 대전충남작가회의 회장 시절 칠갑산 등반을 간 적이 있다. 나는 구두를 신고 장정에 돌입했고 무르팍이 욱신대는 만큼 급한 뒤풀이를 가졌다. 막판에 청양 터줏대감 이종진 시인이 와서 한판 쏘는 바람에 마음이 들뜬 회원들이 어지간히 맛이 갔던 것 같다. 오는 길에 시인 윤임수와 작가회의 사무국장 0순위 후보 이정섭이 대취하여 승용차 뒤칸에서 해롱거린다.

'히히힝 나두 쌈 쫌 하글랑. 헤룽헤룽.'

'내려서 한판 붙을깡.'

'우히히 쪼아 쪼아.'

그런 수준이다. 그리고 잠시 후 승용차를 세우고 그 음주 다뇨증 환자들 틈에 섞여 잠깐 밤하늘을 바라보았다. 허리띠를 끄른 채 잠깐 '달빛 그리고 화사한 별빛'에 취했을 때 어디선가 '툭' 소리가 들렸던 것 같기는 하다. 그리고 나는 밤바람에 더 깊이 취했던 것 같다. 뭔가 바스락거리는 소리가 들리는 것 같았지만 그보다는 '방출의 시원함'에 몰입한 것이다.

그때 공포 영화 「링」에서처럼 툭툭 돌멩이를 부여잡고 올라오는 헝클어진 머리카락이 보인다. 어렵쇼? 이정섭 시인이다. 동반 소변객인 그가 냇가로 고꾸라진 것이다. 다시 제방에 오르기 위해 석축 사이에 손가락을 끼울 때마다 부스스 자갈과 모래알 떨어지는 소리가 들린다. 아무튼 그는 떨어질 듯하면서도 팔뚝을 폐곡선으로 올렸다가 바둥바둥 힘을 주곤 했는데, 그 아슬아슬한 위기의 장면을 보며 나는 배꼽을 잡고 웃기만 했고.

중년의 나는 면소재지 중학교 근무조였다

오후쯤 송별회를 마치고 '빠이빠이'까지 끝낸 후, '원치 않는 전출 대상'이 된 다섯 살 선배 교사가 교무실 문을 푸르락푸르락 열어젖힌다. 교무실에 아무도 없었으므로 '나와 그' 일대일 구도이다.

그는 울트라맨 눈빛을 쏘아대며,

"교장 어딨어?"

다짜고짜 큰 소리를 질렀다. 나는 '없다'고 도리질쳤다. 이번에는,

"교감 어딨어."

"잘 모르겠는데요."

쪼그만 소리로, 그러나 태연하면서도 조금은 어리바리하게 시치미 뗐다. 물론 행불자들의 소재는 이미 빠삭하게 꿰고 있었다. 나는 바로 직전 틈입자의 출동 정보를 받고 교감님을 테니스장으로 피신시킨 채 '도피자들의 불안한 공놀이'를 주문해놓은 상태였다.

먼저 울트라맨이 화분 하나를 간단하게 박살 냈다.

꽃이 피지 않는 알로에였다. 박살난 사금파리 옆으로 꺾인 알로에 대궁에서 여전히 바늘침 엽록소가 풍겨 나오는 중이었다. 이번엔 그의 눈에 전혀 죄가 없는 교무실 탁자가 걸려들었다. 탁자는 아까부터 공포의 전율을 느끼는 중이었으나 도망갈 이동 장치가 전무했으므로 발길질을 고스란히 받을 수밖에 없었다. 탁자를 덮은 유리창이 나갔고 꽃무늬 탁자보 속에 덮여 있던 베니어합판도 구두 뒤꿈치를 먹고 찌그러졌다. 나는 울트라맨을 살살 떠밀면서 현관까지 내보냈다.

"다 박살 낼 거야."

그러더니 잠깐 내 얼굴을 쳐다본다. 나는 '업힌 돼지 눈뜨듯' 최대한 수줍고 조신한 표정으로 처분만 바라는 중인데,

"넌 빼고."

했다. 그 와중에도 명단에서 제외된 게 기뻐서 '아싸— 호랑나비' 쾌재를 부르짖는데 콧방울이 툭 튀어나왔다. 그 콧물이 금세 떨어지지 않고 5초 정도 대롱대롱 매달리다가 바닥에 포물선으로 떨어지는 것이다. 그제야 나는 '동료의 죽음을 대가로 맹수의 추격을 벗어난 초식동물'처럼 안도의 한숨을 쉬었다.

지금은 추적자 그녀나 도피자 옛 관료까지 모두 교단을 떠났고, 근무조였던 나도 굽은 등으로 쇠어가는 중이다. 복숭아 부드러운 솜털마저 잦아드는 나이가 된 것이다. 수박 껍질 매끄러운 윤기가 사라지면서 그 운명적 세파에 적응하려고 마음 다듬는 중이다.

젊은 피 박찬세 시인의 고딩 시절 이야기다

그는 제자는 아니지만 내가 근무했던 그 학교에 적을 두기도 했었는데, 옛 스승들은 그를 잠퉁이로 기억했다. 밤마다 알바를 뛰었으므로 학교에선 주로 '잠자는 시라소니'의 배역만 했다고 한다. 입학하자마자 토박이 예닐곱 명이 포위하여 돌림빵을 놓으려 했다나. 단칼에 극복하고 서너 달 후에 그네들 중 몇은 '빵셔틀'로 바꿔놓기 위해 여러 번 본때를 보여줬단다.

그러나 나 역시 수십 년 교단생활 속에서 워낙 다양한 체형들에게 익숙해져 있던 터라 그 정도 무용담엔 전혀 당황하지 않는다. 조는 아이에게도 당연히 너그럽다. 우리들 역시 훈련소 신병교육대에서 '대가리 박아' 상태로 수면에 빠지기도 했으니까.

그를 어여삐 여긴 스승 중에 김홍정 선생도 포함되었다고 해서 잠깐 반갑기도 했다. 그가 참고서를 쌓아놓고 고개를 묻은 채 자고 있는데 김 선생이,

"찬세를 봐라. 얼마나 공부에 몰두했으면 이 많은 책을 베고 잔 다니?"

했단다. 아무튼 소년은 그들 부류처럼 장기 결석 코스를 거쳤고 보름 만에 돌아왔더라나. 학생부장님은 아무 말 없이 몽둥이를 들더니 손가락으로 바닥을 가리켰다. 일단 뻗친 다음 몽둥이찜질로 탕감하겠다는 묵계다. 하지만 '돌아온 탕아'는 코에 검지손가락을 붙이고, "쉿." 주머니에서 자퇴 원서를 꺼내 보여드렸다.

마음 여린 스승께서는 금세 얼굴이 굳은 채,

"이러면 안 된다. 일단 고등학교 졸업장은 따야 한다. 공부를 해야지."

"공부하기 위해서 자퇴하는 건데요."

'공부하기 위해 학교를 그만둔다.'는 문장은 아이러니하지만 진실이 되기도 한다. 그 후 자퇴생 청소년은 질곡의 곡선을 그으며, 지금은 시인의 길을 걷는 중이다.

철호는 교내 알바생이다

교무실 입구 신발장 아래에 돗자리를 깔고, 주당 이틀씩 모든

선생님의 구두를 닦아주는 아르바이트를 하고 있었다. 구두코에 침을 퉷퉷 뱉으며 닦고 조이고 기름 치는 모습이 대한 늬우스 역군처럼 대견스럽다. 그리고 우울증에 젖은 미즈 박 선생님이 그 앞으로 다가서서 맡겼던 구두를 집어 들었다. 그런데 당신의 하이힐 끈이 떨어져 나간 것을 확인한 미즈 우울님의 눈꼬리가 나쁜 곡선으로 꾸불텅거린다. '아차, 우울증 재발이다.' 하는 순간,

"네가 그랬닛?"

"……아뇨."

기실 철호는 베란다 사이로 펼쳐진 구름 잔지에 취했다가 교실에 들어갈 참이었다. 그런데 미즈 우울증님이,

"이 자식아, 왜 남의 구두끈을 끊어놓아!"

뜨악하게 바라보던 철호의 얼굴에 연거푸 손바닥을 날린 것이다. 마침 우체국에 다녀오던 내가 그 엉킨 틈 사이로 끼어들어 상황을 정리했다. 미즈 우울님은 여전히 시근덕대는데 철호는 스승의 얼굴을 뻘쭘하게 바라본다. 눈썹이 자벌레 곡선으로 흐느적거리더니 냉소를 띠며,

"한 대만 더 맞게 되면 저도 한 방 날릴 참이었쇼."

그 토로가 정수리 때리는 둔기가 되었다. 그가 지금은 목재소를 운영하는 나이 사십 사장님이다.

서해안 개펄 사람들은 농업이 주를 이루었지만 농한기만 되면 바다로 나갔다. 삽으로 낙지 구멍을 파서 하나씩 구럭에 넣고 돌아오는 길이다. 열아홉 과년한 봉순이 처녀는 조개 캐던 호미를 찾아 아주 잠깐 썰물 쪽으로 뛰어가던 중이다. 그리고 개펄 한가운데서 딱 한 번 우연히 정면으로 마주쳤을 뿐이다.

아름답다. 바우와 봉순이가 동시에 취한 이유는, 눈동자에서 쏟아지는 '이슬의 폭포'를 만났기 때문이다. 싸하게 멈춰 섰던 바우가 먼저 재빨리 눈길을 내리고 구럭을 당겨 앞으로 뛰어갔다. 그러다가 저만치서 걸음을 멈춰 슬그머니 돌아선 순간 그때까지 서 있던 봉순이의 눈과 다시 마주친다. 바구니를 떨어뜨리는 봉순이 얼굴이 발갛게 물든 것은 저녁놀 탓이 아니다.

그뿐이었다. 세월이 흘렀고 봉순이는 윗마을 점지된 사내와 결혼을 했고, 바우 역시 중매로 착한 처녀 만나 장가를 들었다. 그렇게 각자 따로따로 둥지를 틀어 따로따로 아들딸 낳고 따로따로의 세월을 그럭저럭 보냈다. 산은 산이요 물은 물이었던가.

그렇게 오십 년이 지난 어느 저물녘.

예전의 처녀·총각은 저잣거리 순대국밥 집에서 드라마틱하게 마주친다.

바우 노인장은 손자 장난감을 사러 나오는 길이었고, 봉순 할매는 풋마늘 병어무침 재료를 바구니에 담는 중이었다. 어허. 어디선

벗들이 부를 때마다 시를 썼다. 축시와 헌시, 추모시를 긴급하게 쓰는 게 거미줄 씌워지듯 힘들었지만 그게 내 몫이었다. 사진은 위령제 자리다. 그즈음 얼핏 젊음이 기운다고 생각했었는데 그게 벌써 10여 년 일이다.

가 보았음직한 장면이다. 두 사람 얼굴의 곡선이 모두 장삼이사 그 부드러움이다.

"잘사셨지요?"

봉순 할매의 눈물이 그렁그렁 맺힌다. 바구니를 추스르며 인사를 건네지만 차마 눈길을 마주보지는 못한다. 바우 할배가,

"품었던 기억 아직도 생생합니다."

고개 떨구자, 봉순 할매의 옷적삼으로 마른 살비듬이 부스스 떨어진다. '흐흐흑' 느껴 오르는 울음을 간신히 참으며 오솔길 오르는 중이다. 언덕에 올라선 봉순 할매가 다시 바다를 보았을 때

바우 노인장은 망부석으로 서 있었다. 산 너머 산은 뒤로 갈수록 하늘빛 둥그런 곡선이다. 그랬다. 곡선은 가까울수록 몸에 바싹 붙는다.

6년째 연애 끝

야간 중학교 시절.

나는 사랑이 고팠다. 텅 빈 자취방은 공휴일이 더 음습했으므
로 오히려 학교가 덜 심심했다. 그래서일까, 집에 빨리 보내달라고
아우성치는 친구들을 이해할 수 없었다. 늦은 밤, 골목길을 돌아오
다 보면 창살 틈으로 웃음소리가 와르르 쏟아지는 것이다. 저 유리
창 너머 행복한 웃음꽃 폭죽에 빠지고 싶어 나는 가끔 골목길 '성
냥팔이 소녀'로 쪼그려 앉곤 했다. 그런 폭죽으로 쏟아지는 남들의
행복들은 아주 잠깐 가슴을 부풀게 했다가 재빨리 사라지곤 했다.
'나도 집에 가서 저렇게 했으면 좋겠다.'는 신기루 행복이, 휭하니
날아가는 것이다. 동반자의 손끝이 그리웠다. 천사와 거지가 먼지
속에서 함께 '끌안고 드잡이'하는 풍경을 꿈꾸었다. 그래서 나중에

선생이 되면 나는 힘들게 사는 벗들과 잘 어울릴 줄 알았었다.

지금 근무하는 공업학교는 소도시 Y중학교와 길목 하나 차이로
인접해 있다

90년대에 아내 박명순 선생이 근무하던 당시 Y중학교는 직물공
장 기계 소리의 후광으로 전교생 1,300여 명의 제법 빵빵한 규모였
으나 20년 지난 지금은 350명 정도로 축소되어서 읍면 단위 인구
고갈을 실감하게 한다. 거기서 5년을 근무했다.

그리고 3년이 흐른 다음.

Y중학교에서 5년간 근무하다가 옆댕이 전문계 고등학교로 몸을
옮겼더니 예전의 아이들 역시 절반이나 쪼르르 따라와 입학했다.
중1 때 만난 아이들과 고3 졸업식 때까지 6년째 대면하면서 '13-
18' 성장기를 함께하는 중이다.

고등학교 신입생 첫 교실에서 예전의 중딩 새내기 시절의 낯익
은 판박이들을 발견한다. 우선 컸다. 일단 길이와 넓이를 늘린 몸들
이 새롭게 골격의 짜임새를 맞추는 중이다.

"너 빤쓰지."

호용이다. 변성기 총각의 가래톳 목소리가 잠깐 민망한 표정을
짓는다.

"아, 잊었던 기억을 왜 다시 살려내십니까?"

순간 중딩 새내기 때 같은 반 출신 아이들이 지워졌던 예전의

기억을 새롭게 재생시키며,

"우히히, 맞아요."

배꼽 잡으며 어색한 상봉 분위기를 털어내어서 마음이 편안해졌다.

그해 중딩 1학년 체육 시간 직후 쉬는 시간이었던가.

호용이가 교탁 뒤에 숨어 체육복을 갈아입는데 종수가 바리케이드를 홱 치워버렸다. 그 바람에 교탁 뒤에 웅크려 바지를 내리던 흐벅진 궁둥이살과 알록달록 물방울 팬티가 드러났다. 친구들 모두 자지러지게 웃는데 오동통한 머스마 혼자 섧게 울던 풍경화 속으로 나의 소년 시절을 겹쳐 보기도 했다. 외로움과 울음은 그렇게 '가재와 게'처럼 붙어 다닌다.

내친김에 뒷자리 길쭉이를 지목하며 또 시계추를 3년 전으로 되돌린다.

"여자애한테 맞고 질질 울던 애지?"

중1 초기까지는 아주 가끔 억센 계집애가 비실이 남자애를 때리기도 했다. 팔뚝 굵은 공순이에게 그냥 '졸지 못하게 한 대 쥐어박아.' 했는데, 이 무쇠 같은 가시내가 진짜로 '짝' 소리 나게 싸대기를 날린 것이다. 주현이는 그 '머스마의 눈물' 기억을 긍정도 부정도 못한 채 우물쭈물하다가,

"하지만 지금은 씩씩한 싸나이가 되었습니다. 짜잔."

홱 돌아서며 터프가이 변신으로 인상을 쓰자 눈빛에서 아바타

푸른 광채가 쏟아졌다.

"안 그러니 뼉다구들아."

어쭈구리, 임꺽정 소두령 근육으로 터프해졌다.

또 3년 세월이 흘렀고……

이번에는 육교 밑에서 만난 순영이다. 3학년 2학기 직후부터 현
장 실습 나가는 예비 기술자들은 졸업식 날 하루만 얼굴을 비쳤다
가 다음날부터 생산 현장에서 부품 조립반 구성원으로 변신한다.
그랬다. 아침마다 출근길 봉고차를 기다리는 순영이는 얼핏 보기
에도 몸이 부실해졌다. 78킬로그램에서 11킬로그램쯤 줄었다고 하
니 아직도 튼실한 몸집이지만 예전에 비하면 택도 없다.

"다이어트하며 출근하니?"

"힘들어요. 요샌 침 맞으면서 작업한다니깐요."

다시 예민한 기억력 박동이 6년 전 중딩 순영이를 오버랩시킨다.
그랬다. 순영이는 수업 시간마다 통과의례처럼 화장실을 다녀왔다.
그날도 수업 도중 불쑥 나와,

'화장실에 다녀올게요.'

하기에, 대뜸 보내기도 거시기해서 적절한 타협 겸,

'그 대신 다녀와서 빗자루질 좀 해라.'

'오— 노우, 치사해서 안 가요.'

목표는 배설이 아니라 휴식이었으므로, 청소를 하라니까 안 가

겠다는 것이다. 그 행태에 약이 올랐던 기억을 되살려,

"국어 시간에 화장실 다녀오는 대신 청소하라고 하면 '안 가훗'
했었잖아?"

두 뺨이 발갛게 물드는 게 영락없는 사회 초년생이다. 세월은 그
렇게 '겨울잠 반달곰 소녀'를 빳빳한 신입사원으로 둔갑시키기도
한다.

"잘 견뎌라."

"그래야 되겠지만. 우이 쒸."

회사 출근용 봉고차에 오르는 모습에 가슴이 싸해진다. 순영이
는 오늘도 아침부터 밤 8시 퇴근할 때까지 정수기 필터만 조립하
는 반복적 사이클에 몸을 맡긴다. '진퇴양난, 요샌 대학 졸업자도
바늘구멍 취업난이니 섣불리 고졸 취업을 포기할 상황은 절대 아
니고.'

실습 부적응으로 퇴사를 당한 석구도 6년째 연구 대상이다. 중
딩 1년차 때 석구는 학교 도서실 책으로 수행평가를 통과하려 했
었다. 수행평가 네 종목 중 '책을 사서 독후감 쓰기'에서 도서실 책
을 빼내서 제출한 것이다. 바코드와 라벨을 떼어내고 모서리 학교
이름 도장 자국은 면도칼로 박박 긁은 채 서점에서 구입한 척 검
사를 맡는다. 그러면서,

"그 많은 책 중에 선생님의 저서를 샀습니다. 착하죠?"

라고 말하여 완전히 뚜껑을 열리게 했다. 도서실 책꽂이의 그 많은 책 중 하필 내가 쓴 성장소설 『닭니』를 빼내어 해부한 것이다.

'한 번만 더 걸리면 퇴학이야.'

그런 협박성 대사가 머릿속 문장으로만 맴돌았을 뿐 아무 일도 없었다.

그리고 3년 후 고교 입학식장에서 보자마자,

"이그 지겨워."

순전히 농담을 건네놓고 내가 먼저 상처를 받았다. 석구가 똑같이,

"선생님 또 만났네. 증말 지겨워."

맞장구친 것이다. 분명히 농담이었다. 그런데 옆의 친구에게 '저 선생님 진짜 지겹다.' 소리를 여러 차례 반복하는 바람에, 내가 던진 건빵에 되갚음 상처를 받기도 했다.

성심이는 중1 때부터 질풍노도 특유의 도발적 질문을 던진 다음 소심증 교사의 표정을 관찰하는 재미를 맞보곤 했다. 예를 들어,

"생리가 뭐예요?"

툭 치고 들어오는 것이다. 하지만 그런 수준의 질문엔 이미 준비된 답변 전문가가 된 지 오래다.

"몸을 소중히 다스리기 위해서는 깨끗한 피가 필요하기 때문에 가끔 혈액을 바깥으로 뽑아내서 순환시켜야 한다. 그런 의미에서

헌혈도 건강에 좋은 거야. 그런데 여자는 생명을 잉태하는 소중한 몸이므로 더욱 깨끗한 피가 필요해. 그래서 한 달에 한 번씩 몸의 오래된 피를 바깥으로 뽑아내고 새로운 피를 생산할 수 있게 만들어주는 거야."

남자 친구가 생겼다며 얼굴이 환하게 펴지던 성심이가, 학교를 쫓겨났다. 출석 미달로 강제 전출을 당하던, 그해 가을, 느티나무 속으로 숨어들던 그림자가 오래도록 삼삼하다. 발자국 내디딜 때마다 점점이 작아지던 성심이의 그림자를 느티나무 무성한 이파리가 시나브로 덮어버리는 것이다.

출석부에 빨간 줄을 긋기 직전, 가정방문을 했던가.

시내버스를 타고 보리밭 따라 징검다리 건넜을 때 그미의 할머니는 부엌에서 과도로 은행 껍질을 벗겨내고 있었다. 물가에서 자루를 밟아 겉껍질을 대충 떼어내고 나머지 부스러기를 쳐내는 작업이다. 순간 '툭' 소리가 나더니 할머니의 이마에서 피가 흘렀다. 틈입객을 맞이하다가 부엌 천장 낮은 모서리에 머리를 부딪친 것이다. 할머니는 흘러내리는 피를 그냥 손바닥으로 문지르며,

"우리 손녀가 속을 썩여 죄송합니다. 에미가 갓난애 적부터 집을 나가는 바람에…… 왜 그렇게 사내들을 좋아하는지."
하며 조아린다. 이번에는 볼을 타고 내리는 피를 혓바닥으로 핥아먹기도 해서, 나는 바들바들 떨며 얼굴이 하얗게 바래버렸다. 오히려 할머니가 사슴 눈빛으로 바싹 다가오시더니,

116

'그릇된 가르침은 사람을 부려 먹는 데 쓰이고 바른 가르침은 사람을 섬기는 데 쓰인다.'며 밤마다 거울을 닦기도 했다. 아이들을 위해 뼈를 묻겠노라 손바닥 비비며 결의를 다졌던 세월도 있었다. 스스로 천부적 교사라고 자부하던 시절이다.

"선생님 어디 편찮으신가요?"

피 묻은 손바닥으로 이마를 짚으려 해서 흠찟 한 발자국 물러설 뻔했다.

"아뇨, 저는 본래 생긴 게 좀 후줄근합니다."

할머니는 즈이 손녀딸이 워낙 착해서 집안 살림도 잘한다고 자랑을 했고 나 역시 학교에서도 활달한 소녀라고 맞장구쳤었다. 무사히 중학교를 졸업했지만 성심이는 고교 졸업의 문턱을 넘지 못했다.

하느님은 안쓰러운 사람부터 먼저 품 안으로 들이고 싶었던 것일까. 서른아홉 과부였던 그니의 어머니를 갑자기 췌장암으로 불러들여서 나는 오래도록 헤매고 방황했다. 초상집 상주가 되어 풀꽃처럼 앉아 있던 열여섯 소녀가장의 모습이 그림자처럼 어른거린 것이다.

아이들은 다행히도 표정을 잘 바꾸었다. 보름쯤 후일까. 중간고사 답안지를 맞추면서 '맞았다.' 하며 박수치는 미숙이의 천진한 미소를 보면서 나는 잠깐 안도했었다.

그리고 겨울맞이 독후감 발표대회 시간.

창밖으로 송이눈이 내리고 웅숭그림과 고즈넉함의 혼재 중이었다. 대회가 끝나고 심사 발표 직전의 자투리 시간에 백일장 수상자의 시낭송으로 이어졌다. 그런데 시낭송을 하던 미숙이가 울음을 터뜨렸다. 과학과 마 선생은 '쟤, 왜 운다?' 하며 어리둥절했고 나는 쓰레기장으로 피어오르는 연기를 보며 눈시울을 닦았다.

감자 캐는 밭두렁로 너머로
광주리 이고 올라오시던 어머니
쉬었다 하자 애들아
새참 나르던 어머니 지금은 이 세상에 없어요

그리고 스무 해 지난 우리 학교 졸업식, 그해 2월은 시베리아 칼바람이 매섭게 몰아쳤다.

이제 헤어지기 위해 모여드는 벗들이 곱은 손 비비며 자리를 채우기 시작한다. 졸업식 풍경은 완전히 디지털 세대 식으로 꾸며졌다. 대학 졸업식처럼 가운과 학사모를 걸쳤고 후배 밴드 동아리들의 록 음악이 무대를 채웠고 곧바로 지난 3년간의 동영상 스크린이 화사하게 터뜨려졌다. 그리고 졸업반 젊은 청년들은 즈이들 추억의 스냅을 보면서 아, 하는 탄성을 지르곤 한다. 빤쓰 총각 호용이, 터프가이가 된 눈물 소년 주현이, 겨울잠 순영이, 그리고 학교를 쫓겨난 성심이의 얼굴도 아주 잠깐 비쳤다가 사라졌다.

장년의 평교사인 나는 어설픈 교복으로 홍조 띤 예전의 중학교 신입생들 그림자를 떠올리며 한없이 센티해졌다. 불과 6년 세월 후 고3 졸업반, 떠꺼머리총각과 방댕이 큰 처녀가 되어 세상에 진출하는 푸르딩딩 젊음들은 얼마나 신비로운가. 불량사탕 조무래기들은 그 사이에 포플러처럼 쑥쑥 뻗었고 나는 주름살 깊은 스승으로 쇠어 드는 중이다. 이제 각자 다른 봄을 준비하며 저마다 운동화 끈 조일 것이다.

잘 가라 벗들아, 나는 자꾸만 희끗희끗한 눈발들을 바라보며 눈시울만 비벼대다가 다시 예전의 골목길 '성냥팔이 소녀'가 되어버렸다. 화사한 출발들을 신기루로 바라보며 자취생 소년 시절보다 더 외로워지는 것이다.

마초적 봄날에 묻히려다

　그해 이른 봄 나의 수업 근황을 설명하자면, 공주공업고에서 스무 시간을 가르치며 옆댕이 중학교로 주당 3시간씩 겸임 수업을 나가 1학년 생활국어를 가르친다. 아직까진 그 중학교 졸업생의 절반가량이 우리 학교로 진학하므로 '악어와 악어새'로 공존 중이다. 특히 나는 그 학교에서 5년 동안 근무하다가 전근 온 상태이므로, 가끔 자전거로 스쳐만 가도 가슴이 싸아— 했는데, 마침 수업 요청이 왔기에 덥석 물어버린 것이다. 수업을 하러 도보 이동하며 신작로 봄 햇살 받는 재미도 쏠쏠하고.

중학교 신입생들이 개나리 꽃망울처럼 아슴아슴하다
　그러나 방심은 절대 금물이다. 이 귀염둥이 동포들이 평교사의

120

뚜껑을 열리게 만들 상황이 곧바로 전개됨을 오랜 체험으로 알고 있으므로, '3월에 길들이기' 작업에 나설 준비 중이다. 아이들이 툭툭 견제구를 던지기 전에 나는 흐트러진 분위기를 잡아야 한다며 핸드폰을 꺼내 들고,

"선생님이 옆댕이 고등학교에 있는 거 알지? 느덜 자꾸 떠들면 앞집 형아들 부른다."

병아리들이 어리둥절 쳐다본다.

"진짜야, 선생님은 사나이므로 한번 일러바친다면 진짜로 일러바쳐요. 전화 한 통이면 남산만큼 커다란 고등과 성님들이 오토바이로 담벼락을 훌러덩 날아와 이 분 내에 이 교실 문 앞에 도착해서 90도 배꼽 인사 후 '스승님, 아그들이 뭐 안 되게 하는 거 있나요? 해결해 드릴깝쇼?' 한다구. 지금 핸드폰 걸어볼까. 선생님 얘기가 뻥인가."

일단 통했다. 귀여운 중딩 새끼 제비들은 핸드폰 누르는 시늉을 하는 스승을 보며,

'수업 중에도 나올 수 있나.'

부리를 갸웃대면서도 분명히 바싹 얼은 것 같다. 더러는 불안하게, 더러는 의심스러운 표정으로 고즈넉한 봄날의 수업이 진행 중인데 한 아이가,

"우린 학생부에 막강 티처가 있어요. 이은상 선생님이요."

그제야 다른 아이들도 고개를 끄떡이며 공감과 안도의 표정을

짓는다.

이은상 선생은 그 학교 말뚝 학생부장이다.

곱상한 얼굴이만 백마가죽 근육과 통나무처럼 굵고 딱딱한 '오리지널 철벽지'가 전설이다. 토요일 새도록 음주가무에 돌입했다가도 이튿날 소도시 축구 동아리에서 종횡무진 풀타임으로 치달리는 야생마 체질로 전설을 증명했다. 그와 같은 학교 시절, 직원 회식 후 2차 노래방이었던가. 나(74킬로그램)를 번쩍 들어 목마 태운채 덩실덩실 춤을 추는 바람에 나까지 낙상 불감증으로 딩가딩가 재롱을 부리기도 했다.

한번은 웬 술 취한 틈입자가 봄날의 교정까지 점령하여 조무래기들을 손보는 바람에 야단법석 난리가 났었단다. 다른 남자 선생님들이 나타나긴 했지만 막무가내로 휘두르는 취권의 물리력을 감당할 수가 없었던 것이다. 결국 은상 선생이 해결사로 나서서 실전에 돌입했다. 스무 살의 취권 펀치를 스쳐 맞으며 '어깨 걸어치기'로 꺾은 다음 119 출동 시까지 30분 동안 암바로 제압한 괴력의 중년 교사다. 나는 가끔 그의 근육에 격투기의 전설 효도르를 겹쳐놓곤 한다.

어쨌든 나는 아이들을 초장에 꽉 잡아야 하므로,

"은상 샘하고 박치기 시합해서 내가 이겼지. 나, 힘 좀 쓰거덩."

나 역시 인상 하나는 어지간하므로, 아이들은 긴가민가 의심하며 오십 대 스승의 물리력을 가늠해본다.

"나는 돌대가리이기 때문에 내가 박치기를 넣으면 내 머리통만 한 돌덩어리로 맞는 거와 똑같아."

"우리 샘은 쇠대가리요. 돌멩이는 죄다 한 방에 빠샤지는디요."

그 순간 머리통 크기의 쇳덩어리와 부딪친 내 머리가 산산조각 부서지는 환상으로 잠깐 어지러웠다. 그런 유치 개그로 보름 정도 분위기는 잡을 것 같다.

70년대 한탄강 이등병 시절

벙커 작업 와중에 생김새와 실체의 간극이 드러났다. 날마다 천보산 꼭대기로 모래와 시멘트를 짊어지고 관절을 지탱하던 시절이다. 신병으로 등장하자 고참들이,

"어쭈구리, 몸이 빵빵한 게 일 좀 할 것 같은데."

그들의 예감은 당연히 빗나갔다. 허리는 통통하지만 척추가 부실해서 삽질 자세가 나오지 못하는 걸 간과한 것이다. 곡괭이건 삽질이건 내가 들어간 조는 매일 꼴찌였다. 일이 빨리 끝나는 만큼 휴식 시간이 당겨지는데 나 때문에 '나머지 작업'에 들어가야 하니까 설레설레 도리질치는 것이다.

아침에 작업조를 짜려고 대기하면, 먼저 A조 고참이 나를 보고 눈을 찡끗거리며 다른 쪽으로 빠지라는 손짓을 보낸다. B조 쪽으로 움직이면 B조 고참이 깜짝 놀라며 저쪽으로 가라고 우거지 인상을 쓴다. C조에서도 마찬가지였다. 폭파 기술은 차치하고라도 시

멘트 비비는 기술이나 못을 박는 재주까지 아무것도 없었으므로 오로지 지고 나르며 몸으로 때우는 조에 편성되었다.

그러나 나는 나대로 그런 가학적 시간을 자기만족으로 활용할 줄 안다. 거울을 볼 때마다 군데군데 상처가 긁힌 군바리 체형을 발견한 것이다. 뽀얀 피부가 새까맣게 덧칠되었고 눈빛에도 독기가 서려 있는 정글 독사형이다. 바로 이 얼굴이다. 일단 군복을 걸친 이상 이등병의 강퍅한 모습을 오래도록 유지해야 한다는 생각이다. 일부러 찢어진 군복에 맨발로 다니다가 군기교육대에 끌려가기도 했다.

덕분에 예나 이제나 만만찮은 검문의 역사를 가지고 있다.

도심지 한복판을 걷다가 가끔 제복의 사내가 길을 막는 바람에 사색이 깨졌고 또 검문소를 통과하는 버스 여행에서도 헌병 아저씨가 하필 내 앞에만 서서 경례를 붙이는 것이다. 친구들은 낄낄거리고 나는, '또야.' 하면서 주민등록증을 꺼내준다.

'젊은 사월'의 저물녘이었던가. 대전역에서 답사 출발 직전 여덟 명의 대학생이 통기타로 「긴 머리 소녀」를 부르는 틈을 비집고 하필 나한테만 와서 주민등록증을 요구하는 경찰관 아저씨를 지금도 이해하려고 노력하는 중이다.

몇십 년이 지나도록 마찬가지였다. 서울발 조치원 가는 기차에서는 자리가 없어서 식당 칸으로 갔었다. 바닥에 기대어 창밖을 감상하는데 정말 죽여주는 봄 풍경이었다. 박용래의 「먼 바다」를 떠올리며 가슴을 싸안는 바로 그때 검표원 아저씨가 들어오는 게 수상하다. 그것도 다른 승객 사이를 성큼성큼 통과하더니 내 쪽으로 비집고 들어오는 것이다. 왠지 나한테만 차표를 보여달라고 할 것 같아서 불안하게 앉아 있는데 예감이 딱 맞았다. 어쨌든 나는 무임승차가 절대 불가능함을 안다. 때로는 멀쩡하게 표를 가지고 있으면서도 검표원이 뜨는 순간, 아무 죄가 없는데, 납작 엎드려 일단 도망칠 궁리를 하기도 한다.

인상 덕분에 정의의 사도가 된 적도 있다.

야간 수업 끝나고 학교 신문 교정 때문에 인쇄소를 다녀가던 소도시 뒷골목이다. 고교생 열댓 명이 안경 쓴 학생 하나를 둘러싸고 있는 게 수상한 느낌이 들어 걸음을 멈추는데, 퍽.

키다리 하나가 안경잡이 학생을 가운데로 몰아치더니 그대로 가슴을 한 방 날리는 것이다. 순간 언어맞던 학생이 뛰쳐나와 내 소매를 부여잡는다.

"아저씨."

뺄쭘하니 바라보는데, 안경 밑으로 공포의 땀방울이 번들번들하다.

"도와주세요. 저는 한국대학생인데 애네들이 돈을 뜯으려고 하네요."

"뭣. 이 삭통들이."

고교생이 대학생의 삥을 뜯는다는 소리에 뚜껑이 확 열렸다. 순간적으로 내 눈에서 불꽃이 쏟아져 나오자 골목길 펀치들이 일제히 눈꼬리를 내린다. 처음에는 쭈뼛쭈뼛 눈길을 피하다가 하나씩 몸을 돌려 반대쪽으로 죄죄 움직이는 것이다. 놈들의 걸음이 경보대회 수준으로 점차 빨라질 즈음 '이젠 됐다.' 하며 소리를 빽 질렀다.

"맨 뒤에 놈 둘만 잡아 대가리를 빠샤버린닷."

아이들은 사타구니에 방울 소리 나게 도망쳤다. 만약 그녀들이 와서 나를 발로 툭 걸어찼으면 낙엽처럼 부서졌으리라. 그마저 늘 통하는 건 아니었고.

공주여중 야간 수업 쉬는 시간엔 조금 헤맸다

저물녘인데 사내아이 대여섯 명이 교정의 개나리 울타리 아래에서 담배를 피우는 게 눈에 띄는 것이다. 꼭 그렇고 그런 불량사탕과(科) 스타일이다. 일단 걸음을 멈추고 매섭게 노려보았다.

"어디 학교얏."

"모요? 우린 학생이 아니오."

내가 보기엔 고3쯤 되어 보이는 것 같았다.

"전부 이리 와."

했더니, 진짜로 성큼성큼 다가오는데, 술 냄새가 스멀스멀 풍기는 것이다. '어, 안 먹히네. 우리 학교 학생이 아니네.' 하면서 심장이 오그라드는데, 마침 그 학교 여중생들까지 우르르 구경하는 바람에 완전 진퇴양난이었다. 그중에서 작달막하게 생긴 애 하나가 한 대 쳐보라는 자세로 일부러 몸을 바짝 붙여 오기에, 차마 때리지는 못하고 손바닥으로 양쪽 어깨를 탁 밀어버렸다.

"왜 쳐요? 우이 씨."

머리를 들이민다. 다행히 위기를 모면한 건 마침 선생님들의 승용차가 멈추어 섰기 때문이다. 배구선수 출신 공 선생이 거구의 몸집으로 간단하게 해결한 것이다. 이상하다. 강 스파이크의 매운 손바닥이 전혀 활약하지도 않았는데 젊은 오빠들이 힐끔힐끔 쪼그라들다가 '깨갱' 꼬리를 내린 것이다.

이제 한 달 남짓, 겸임 수업하는 이웃 학교 중딩 신입생에게 '엥, 속았다.' 하며 들통 날 시점이다. 베일을 열어젖힌 아이들이 우르르 들어와 자신 있게 멍석을 깔아놓는 것이다. 계집아이들은 때까치처럼 죽어라고 재재거리고 사내아이들 중엔 스승의 틈새를 치고 들어와 주먹 서열 상승의 기회를 찾기도 한다. 그렇게 울퉁불퉁 어른이 되는 것이다.

일주일 후 아이들이 묻는다.

"선생님 옛날에 싸움을 잘하셨나요?"

"스쳐 맞으면 한 방이었지. 제대로 걸리면 완전히 뻗고."

아이들이 '에-' 하면서 제비 새끼 부리로 아지랑이를 뿜어대는

데 웬 콧수염 새까만 중딩 하나가,

"성님들 말고 누나들을 불러주세요. 어여쁜 브이라인 누님으로 우히힛."

사월에 접어들면서, 어느새 애기뽀를 벗어나, 바닥 생존의 길을 터득한 사춘기 능구렁이들이 스멀스멀 넘어오는 것이다.

사월의 마지막은 그렇게 사과꽃으로 흐드러졌었다. 지금은 막바지 사과꽃이 생채기 굳은 딱지처럼 찔끔찔끔 떨어지는 그 계절이다. 멀리선 물씬거리던 향기가 정작 나무 그늘 아래서는 사라지는 변환성 향기의 그 꽃이다. 마른 비듬이 부스스 떨어지는 봄날에.

학교 가는 길 그리고 단풍나무

'승용차 등굣길'과 '걸어가는 출근길'이 똑같을 수 없다고 규정했던 지난 세월이 있었다. 아이들과 몸을 섞으며 교문을 통과하는 스승의 진정성이 클랙슨 빵빵 누르는 타이어 등굣길의 서정성과 동일해선 절대로 안 된다고 확신하던 시절이다. 걸을 때는 일체 옆을 보지 않았다. 승용차 안에서는 바깥 풍경이 빠드름히 보이는데 걷는 쪽에서는 승용차 안쪽이 보이지 않아서 먼저 인사를 받아도 그냥 멀뚱히 지나치게 되는 게 민망해서다.

언제부터였나, 남들의 승용차에 익숙하게 탑승하기 시작했다. 주로 정보부 김태호 선생님의 승용차를 타고 사정이 생기면 나 혼자 시내버스를 타기도 한다.

공주 터미널 앞에서 소도시행 11번 버스는 6시 10분이 첫차이고,

그 다음은 7시부터 대략 30분 간격으로 있다. 그랬다. 언제부터인가, 설레는 가슴이 사라졌다. 아이들과 살 비비는 설렘이 사라지면서 그저 관성으로 움직이는 등굣길이 가끔은 두렵다. 수시로 '내 아이들'과의 버스 안 상봉도 껄끄러워진 것이다. 그냥 혼자 가고 싶은 때가 있는 것이다. 아이들을 피하기 위해 버스 시간표를 바꿔 보았으나 학동들 역시 잰 몸과 게으름뱅이 몸집들이 적당히 섞여 있어서 어느 차를 타도 통학생들과 조우할 수밖에 없다. 나는 지금 운전서 옆에 서서 우성면 면사무소 앞을 통과 중이다.

안개 속을 헤치는 시내버스 옆구리로 은행나무들이 휙휙 스쳐 지나간다

초가을.

황순원의 「소나기」에 나오는 그 계절에 나는 단풍나무를 먼저 만났다.

'푸를 청 수목들이 어느새 옷 색깔을 바꿨을까.'

얼핏 마주친 단풍나무 하나의 잔상이 오래도록 지워지지 않는다. 은행나무 가로수 틈새에 끼어, 지나치는 차량들 눈길에 찰나도 흡입되지 못한 채 혼자 서 있는 것이다. 아프다. 멀리서 보면 쪼그만 단풍나무 혼자서 땅바닥에 여윈 손 짚고 일어서기 위해 바둥거리는 것 같다. 가로수는 은행나무나 플라타너스만 떠올렸는데 이렇게 몰래 숨어 자라는 경우도 있구나.

아니다. 이런 단풍나무 상념은 의도적 자기 최면일 수도 있다.

통학 무리들의 눈길을 피하기 위해서다. 다행히 자리가 있으면 아예 종착지까지 눈을 감지만 막상 좌석이 없으면 선 채로 독서를 하거나 창밖에 몰입하면서 버텨내야 한다. 요새 아이들은 어른들에게 도통 자리를 양보하지 않는다. 선생이 뻔히 서 있는데도 그대로 앉아 힐끔힐끔 쳐다보며 히쭉히쭉 웃기도 한다. 그래서 순수 학동과 벽창호 교사의 조우가 불편한 것이다.

요즘 나는 몸을 뒷좌석으로 일체 옮기지 않는다. 예나 지금이나 시내버스 뒷자리는 고딩들의 전용석이다. 기십 명 남짓 수두룩 통학생 중에는 범생이와 금연 교육 수강생들이 섞여 있는데, 주로 비실이들이 앞자리에 앉고 뒷좌석은 대개 왈짜들의 차지다.

먼저 욕이다. 그네들의 친밀어인 욕설이 보수적 교사의 통념에 적응되지 않는다. '친구야 반갑다.'는 '쌈 새끼 맞아라.' 하며 꺾어차기로 통용된다. 게임이나 연예인 이야기가 바닥나면 더러는 '머리빡에 피도 안 마른 것들'의 음주가무 무용담이나 소개팅 스캔들을 훔쳐 들으면서 불안한 출근길을 진행하기도 한다. 가끔 '왜 내가 불안해하고 있는가?' 화들짝 반성에 빠지기도 하면서.

그런데 앞자리 비실이들도 자리를 양보할 기미가 전혀 보이지 않아서 가슴을 끓이는 중이다. 동네 어르신 때문에 더 그렇다. 엔진 옆 할아버지는 버스가 급정거할 때마다 쓰러질 듯 손잡이를 잡고 허수아비처럼 간신히 지탱하는데 이 자식들은 태연스레 핸드폰

문자 놀이에 빠져 있는 것이다. 답이 없다. 장년의 평교사는 아까 만난 난쟁이 단풍나무만 부여잡고 옥신각신 상념에 몰입한다.

"샘, 여기 자리요."

영신이다. 뒷좌석에 함께 널브러진 영신이 무리들도 키득키득 웃는다. 못 들은 척한다.

"여기 자리 있다는데 왜 안 와요?"

'스승님 이리 오십시오.'가 아니라 그냥 '왜 안 와요?'다.

못 들은 척 창밖만 바라본다. 그런 식의 소통이 도대체 못마땅하다. 1년 선배한테는 '형, 식사하셨어요.'라고 깍듯이 존대하는 벗들이 정작 선생님한테는 '샘, 밥 먹었어요.' 하는.

'샘'이라는 문자 파괴 용어도 도대체 못마땅하고.

두 해 전까지 나는 담벼락 너머 옆댕이 중학교에서 근무했었다. 그중에 공부와 벽을 쌓은 아이놈을 잡고,

"그래도 공부를 쬐금은 해야지."

하면 아이놈은 담벼락 너머 빨간 건물을 가리키며,

"전 앞집 갈 거거든요."

여유 있게 대꾸한다. 담벼락 바깥 전문계 고등학교는 뿌연 안개 속의 동화나라처럼 고즈넉했다. 수양버들과 뭉게구름 그리고 넓은 운동장으로 축구공이 한갓지게 구르고 있었다. 졸업 후 주로 뒷골목 서열의 아이들이 울타리 너머 앞집으로 진학했다. 나도 중학교

5년 만기를 채우고 그 전문계 학교로 전출했다.

그 영신이는 중학교 때 '센 주먹 일 번지'였다.

1학년 때, 선배 다섯 명이 이차구차한 이유를 들어 화장실로 불렀다. 2학년 선배들이 '후배 길들이기'를 집행하려는 군기잡기 시간이다. 위기를 느낀 영신이가 계급장 떼고 선방을 날렸다. 왕짜 선배는 일지매처럼 날렵하게 피하는 동시에 뒤꿈치로 옆구리를 찍었다. 그리고 다구리가 시작되었다. 그 바람에 내가 소속된 '학생부'는 한동안 뒤숭숭했다.

또 있다. 센 주먹으로 분류된 선배 하나가 비닐하우스 속으로 '원터치 맞장' 호출을 했을 때다. 당연히 응했다. 후배 입장에선 밑져야 본전이라며 거침없이 비닐하우스 문짝을 열었고 맞장이 시작되었다. 영신이는 멍자국이 더 많아진 만큼 동급생 선두 자리를 굳힐 수 있었다. 그렇게 다사다난하게 어른이 되어가는 중이다.

"선생님. 뒤로 오세요."

웃, 이번에는 정확히 선생님이다. 그런데 목소리가 너무 커서 승객들이 일제히 쳐다보는 바람에 모처럼 불러준 정식 명칭까지 외면해버린다. 다시 단풍나무 대면에 몰입할 수밖에 없다.

기실 혼자 서 있는 단풍나무는 얼마나 고독한가

보일러공 시인 이면우가 녹색 숲속의 단풍나무를 발견하고 펑펑 울었다는 시구를 떠올리며 억지로 센티멘털에 빠지려 하는 중이다

(그 억지가 깊어지면 실제가 된다). 우리는 때로 붉은 단풍나무처럼 외로운 일상을 견뎌내야 한다. 온통 은행나무 노란빛으로 늘어선 아스팔트 옆에서 홀로 붉게 서 있어야 하는 단풍나무는 얼마나 사무치게 외로웠을까. 가로수 사이로 씨앗 하나가 날아와 사생아처럼 뿌리털 내려 물기를 쪽쪽 빨아올리더니 그예 붉은 색소를 생산할 시점이다.

'사람은 저마다 외로운 단풍나무가 되기도 한다.'

순간 승객들이 우르르 쏠렸다. 경운기 때문에 급브레이크를 밟았고 엄살과 비명의 와중에 나는 다시 속세로 돌아온다. 아이들이 예전과 달라졌다고 잠깐 속마음 푸닥거리를 시도한다. 소풍 때도 그렇다.

수십 년 전 총각 선생 시절에는, 소풍만 가면 여고생들이 낭창낭창 달려와 '선생님 사진 찍어용.' 하며 각다귀 떼처럼 달라붙던 세월도 있었다. 헬렐레 행복했다. 주머니에 담뱃갑이나 알사탕, 박카스가 두둑해서 '혹시 내가 조용필의 환생인가?' 혼돈에 빠질 정도였다. 그러나 그런 스크린들은 과거형이고 이제 없다. 선명하게 없다. 선생이 늙었고 아이들의 문화도 쬐금은 바뀌었다. 아무도 사진을 찍자고 달라붙지 않는다. 오히려,

'뭐 좀 사줘요.'

'툭' 던져도 황감할 정도다. 참으로 긴 세월 동안 스승의 날이나 소풍 때마다 대접받는 게 당연한 줄 알았으니 인과응보다. 그건 그렇고.

고등학교로 전근한 2학년 교실 첫 수업에 그가 눈에 띄었다. 버드나무 가지로 봄물이 오르는 춘삼월이었는데.

"혹시, 너…… 영신이 아니냐?"

"……이히히."

"맞네."

"선생님, 반갑다는 표정입니까? 마주치면 안 되는 놈을 만났다는 표정입니까?"

"웬수가 외나무다리구나."

손가락으로 슬쩍 옆구리 찔렀는데 '어쭈구리' 꿈쩍도 하지 않는다.

기실 나는 몸싸움 놀이를 좋아했다. 중학교 교사 시절 심심풀이 몸 풀기로 악동들과 무수히 '몸의 만남'을 시도했다. 장난치는 척 아프게 쥐어박으면 아이들은 '까옥까옥' 비명을 질렀다. 악수하는 척 손바닥 악력으로 눈물을 쏙 빼놓기도 했다. '주먹 짱' 영신이도 그땐 택도 없었다. 그때까지는.

"나는 마음이 약해서 때리지 못해."

"……오, 예."

"그 대신 이빨을 뽑아내지."

"스무 번만 더 들으면 백 번째요. 안 웃겨요."

입심에도 밀리지 않으려는 아이들 보는 게 그럭저럭 행복했다.

소달구지와 물풍선을 띄우며 구름처럼 밀려오는 인파를 포만감으로 바라보았다. 공주시 청소년 축제, 펄펄 뛰는 젊음, 그 눈부시고 눈물겨운 자리 찾아 연어의 지느러미로 회귀하고 싶다.

어쨌든 아이들의 부피가 커졌다. 사춘기 중딩들은 팔씨름이나 손가락 꺾기에 도전하면 적당히 제압했지만 점차 물리력의 공간이 좁혀짐을 실감하기도 했다. 스승은 삭아가고 제자는 여무는 중이다.

학교 앞이다.

고등학생이 된 사내아이 계집아이들이 문을 열고 우르르 쏟아져 나온다. 가시나들은 어느새 방뎅이 큰 팬더가 되었고 머스마들은 근육질 허벅지 얼룩말이 되었는데 자세히 바라보면 어렴풋이 예전의 개구진 잔상이 겹쳐지는 것이다.

'아, 옛날에 쬐끄맣던 애.'

영신이의 팔뚝을 먹잇감처럼 낚아채어 아프게 꼬집어본다. 묵묵

부담이다.

"자식아, 자리를 양보하려면 조용히 모셔가야지."

아이는 터미네이터처럼 미동도 않다가,

"이제는 제가 선생님을 보호해드려야 할 시점입니다. 이리 오십
시오."

스승을 굽어보며 슬며시 웃는데 서걱서걱 포플러 이파리 소리
가 난다. 컸구나. 나는 문득 고목이 된 단풍나무로 서서 그늘자락
빌려주는 상상에 빠진다. 우리들은 그렇게 살아가는 만큼만 보여
주며 시나브로 몸을 키우는 것이다.

3장

강병철 선생님이 먼저

때렸거든요

나의 전출 도정기

　신군부와 5공화국.

　복학생이던 나는 주로 도서관에 상주하면서 불안과 희망을 번갈아 끌어안았던 것 같다. 숨죽이며 결사항전을 도모하던 동토의 상아탑 시국에도 나는 오로지 공부에 파묻히는 도서관파였다. 그리고 졸업식 직전 공주사대 조재훈 교수님의 추천서를 들고 면접을 보기 위해 모범 대졸자의 복장을 갖추었다. 넥타이 양복과 빛나는 구두코, 내 몸의 치장으로는 최대의 패션이었다. 교문에 들어서자 함박눈이 내렸고 앞치마와 흰 모자를 쓴 소녀들이 유리창 닦다가 틈입자를 향해 동그랗게 내다보기도 했다.

　카리스마 눈빛의 교장 수녀님이,

　"조 교수님이 추천하셨으면 우린 무조건 믿어요."

단칼에 결정해서, 다음 날부터 나는 알토란 여고생들을 가르치는 총각 선생이 되었다.

첫 보직은 윤리과 반공계(빨간 색깔로 쫓겨날 줄은 전혀 예상치 못했다)

교복 자율화 시대 인문계 여고생들은 착하고 예뻤으며(이 중고생 자율화 복장은 영화 「써니」에서 나온다) 도혁이 형과 이상국 선생이 하숙집을 함께했고 탈춤반 강승구 선생과 후배 이재무 시인이 수시로 방문해서 술상을 차리곤 했다. 불안과 젊은 피의 혼재의 시기가 그렇게 흘러가는 중이었다.

삼 년째 되던 해, 서울대생 김민석, 함운경을 비롯한 수십 명의 삼민투 대학생들의 미문화원 점거 사태가 일어났다. 조간신문 전체가 대학생들의 점거 소식으로 꽉 채웠다. 그리고 '광주사태 책임지고 미국은 사죄하라.'는 그 주장을 교사들은 대부분 이해하지 못했다.

"이제 미문화원 도서관에서 영어 원서도 못 빌리겠네."

미즈 심 주사님이 무심히 혀를 찼다.

"미국이 뭔 상관이야. 웃기는 짬뽕들."

안경잡이 양 선배도 쓰뭉하게 맞장구치며 출석부를 챙겼다. 반면에,

"걔네들이 우리보다 아는 게 있었을 거여."

(지금은 망자가 된) 이 선생이 끼어들기도 했다. 옆자리 원로 교사 백 선생님은 한숨만 쉬며 미동도 하지 않았다. 그러다가 송 선생님과 미즈 심 주사님이 짧게 언쟁을 했다. '송'은 이 상황을 자기 아들의 미래상에 오버랩시켰다.

"나 역시 내 아들이 저 자리로 올라가려고 하면 당연히 막았을 거요."

"그렇죠."

어정쩡 군상들까지 내 자식 염려하는 문장에는 이구동성 공감대의 표정을 지을 수밖에 없는데, '송'이 이어서,

"하지만 내 말을 어기고 올라가면 말할 겁니다. 나는 정말 장한 아들을 두었노라고. ……난세에 무심한 우리들은 모두 죄인입니다."

왠지 이 난세의 시류에 내가 쏠려 갈 것 같은 불안감이 스쳤는데 그만 실제로 학교를 쫓겨난 것이다. 소심증의 우려가 현실화되면서 어쩌면 영원히 교단에 돌아오지 못할 것 같아 일순 도 보이지 않았다. 교직 3년차, 그해 8월은 아카시아가 절정이었고 매미 소리가 더 아프게 울었다.

교원 필화 사건의 주무자 김진경 시인이 감옥에서 나오던 날

출소자의 대전 형네 집에 우르르 모여 있다가, 서울의 박해전 선배와 통화하게 되었다. 그리고 그의 소개로 동아일보사 임시직으로 자리를 옮겼다. 동아일보 신문사는 광화문에 있었고 잡지사는

여의도에 있었는데, 나는 출판부 쪽으로 소개받았으므로 여의도 쪽으로 몸을 옮겼다.

면접을 보기 위한 6층 휴게실.

안기석 기자와 조 부장님의 중재로, 김 국장님과 마주 앉아 약식 면접을 보는데,

"숭전대학교 부총장이 누구요?"

"고범서 교숩니다."

부총장 이름을 물으면서 혹시 가짜 이력서가 아닌가 슬쩍 떠보는 것이다. 그때는 지방 캠퍼스가 없던 시대였고 유일하게 그 대학만 두 개의 캠퍼스 체제를 유지하고 있었다. 그들은 내가 박해전 형이 졸업한 숭전대 서울 캠퍼스 출신인 줄 아는 것 같았고 나 역시 가타부타 첨부할 필요가 없었으므로 그대로 넘어갔다. 조 부장이 내가 최근 '민중교육지 사건'의 당사자라고 하자,

"선생께서 근무하시면 안기부에서 조사 나올지도 모르는데."

어쨌든 채용되었다. 그리고 최루탄 냄새를 맡으며 교열부에서 문장 첨삭에 빠졌다. 86년 말 애학투의 '건국대 사태'로 대학생 2,000여 명이 한꺼번에 연행되던 절망의 시국이었다.

동아일보사 진출은 동가식서가숙의 무데뽀로 벌인 거사였으므로

퇴근 시간이 임박하는 오후 네 시가 되면 '오늘 밤은 어디서 자야 하나.'를 고민했다. 주로 술자리 마지막 대작자의 가랑이 잡고 숙

철창 면회소 앞에 서면 그는 화사한 미소로 손을 흔들어주었다. 빵잽이 네 번 그리고 학교를 세 번 쫓겨난 최교진 선배, 긴 세월, 그의 그늘에서 멍든 상처 달래보았다. 시대의 아픔이 교사의 기쁨이던, 그의 젊은 날 사진 한 장.

소를 정했다. 어떤 때는 잠자리가 없어서 대전행 열차를 타고 내려왔다가 몇 시간 눈을 붙이고 다시 서울행 새벽 열차를 타기도 했다. 새벽 영등포역에서 천 원짜리 해장국으로 때우며 후두두 달리던 맛도 있었다. 나중에 '벗 전무용 시인 → 윤중호 시인 → 공학박사 허정' 등의 자취방을 전전하며 무시무시한 만원버스에 시달렸다.

몸에 술이 어느 정도 채워져야 자취방에서 눈을 붙일 수 있었다. 동아일보사 안기석, 김병희 기자와 서중석 선배가 잘 대해주었고 윤재걸 같은 명사 선배네서 두어 차례 머무르기도 했다. 아이러니한 시국이었다. 권인숙 성고문 사건, 박종철의 죽음이 6월항쟁의 분출구를 열었으나 직선개헌 이후에는 오히려 노태우 후보가 대통령으로 당선되었다(만약 양김이 단일화를 이루었다면 오늘의 역사가 어떻게 바뀌었을지 모른다). 그즈음 민교협 사무실에서 일하던 사범대 늦깎이 졸업생 박명순을 만났고, 나는 둥지를 틀었다.

다시 선 교단, 탄천중학교로 복직

89년 4월 1일.

팬지꽃 피어 있는 투시담을 짚으며 타박타박 걸었다. 3년 8개월 만에 다시 교단에 선 것이다. 공주에서 부여행 직행버스로 30분을 달려서 면 단위 교정에 들어서던 날 나는 오히려 담담했다. '사람이 이렇게 잃어버렸던 자리로 돌아올 수도 있구나.' 하며 고개 들면 버드나무 연둣빛이 우수수 쏟아졌다. 유리창 너머로 들리는 아이들의 조잘대는 소리가 늘 옆에 있었던 것처럼 평화로웠다. 그래서 일까.

"여러분들과 기쁨과 슬픔을 함께하게 됨을 감사드립니다."

수십 번 연습한 문장 하나만 달랑 첫인사로 던졌을 뿐이다. 시국은 '민초들이 깨어남'에서 공안정국으로 바뀌는 격동의 소용돌이였다. 문익환 목사님과 소설가 황석영의 북한 방문을 기회로 시국의 고삐가 바싹 죄어졌다. 복직 한 달 뒤부터 전교조 교사들에게 빨간 칠을 시작하더니 그해 여름에는 1,500명을 단두대에 세우고 한꺼번에 목을 날렸다. '질긴 놈이 이긴다.'는 젊은 서생들의 장렬한 싸움이 시작되었고.

김준배 교장님이 그해 8월 종업식장에서 박종건 선생, 유승철 선생 그리고 나까지 세 명의 교사가 모두 '아들을 낳았다'고 치사하였다. 이상했다. 수업 중에도 문득 아들내미의 방싯대는 얼굴이 떠오르는 것이다. 이 난세에 '행복한 가족'이란 스크린에 적응되는 게 애매한 것이다. 92년도 그 척박한 시국에는 다시 딸 강주현을 낳아서 남매를 소유한 행복을 누렸지만 늘 시국이 불안했다.

그 학교 5년 임기가 끝날 즈음 '해직교사 원상회복 추진 위원장'을 맡고 나서 징계위원회에 출두하게 되었다. 1차는 도교육청이고 2차는 교육부 주최였다.

"공무원의 신분으로 왜 그런 집단행동을 합니까?"

"이 나라 강산과 이 땅의 민족을 사랑하기 때문입니다."

그러나 간절함의 토로와 현실은 대개 달랐다. 징계위원회 공간으로 튀는 불꽃 설전도 허망했다. 나는 '위원회'의 권위를 인정하지 않았지만 그들 역시 '저 사람 왜 저러지.' 하는 표정들을 바꾸지 않았다.

1992년, 대통령 선거 개표요원으로 참석했다. 야당 보스였던 김영삼 총재가 '구국의 결단'이라며 민정당과 합당하는 바람에 황당하게 굴러가던 시국이었다. 결국 그 조합된 문장을 슬로건으로 내건 김영삼 후보가 당선되었다. 소위 문민정부가 시작되었고, 김대중 후보는 정계 은퇴를 선언했고, 제도권은 전교조 공주지회장이었던 내 몸을 시시때때로 찔러대었다.

직권내신으로 학교를 떠나는 이임 인사에서,

"여러분 미안해요."

인사하다가 울컥 치밀면서 눈물이 걷잡을 수 없이 쏟아졌다. 헤어짐이 슬퍼진 담임 교실 '1학년 1반 아이들'도 펑펑 울어서 스승과 제자가 합체가 되었다.

빗나간 얘기지만, '유' '박' '강' 세 남정네 스승의 아낙들이 비슷비슷하게 배가 불러와서, 누가 먼저 아버지가 되느냐도 관심사였다. 결과는 열흘 차이로 '유승철 → 박종건 → 나'의 순서가 되었다. 그리고 세월이 흘렀고 그 갓난아이들도 젖살을 벗어나 초딩 1학년이 되었는데.

하루는 내 아들 강등현이 얼굴에 꼬집힌 자국으로 푸르딩딩 들어온다. 뭐냐고 물어도 글썽글썽 묵묵부답인데 그 순간 따르르릉 전화벨이 울렸다. 그리고 잠시 후 공손한 목소리로,

"우리 애가 그 집 애랑 싸워서요."

하면서 어머니끼리 싸움 내용을 분석하며, 긴장이 풀어지면서 해명성 수다를 20분쯤 떨었는데 막판에,

"그만 끊을게요. 남편이 학교에서 돌아올 시간이라서."

"그래요, 우리 애기 아빠도 선생님인데."

아들내미의 싸움 상대는 유승철 선생의 아들 유태종이었던 것

148

이다.

소도시 공주여중으로

소녀들의 학교로 전출 가면서 기실 아무 생각이 없었다. 교무실은 교실 두 칸 반 정도를 뚫어서 끝이 안 보일 정도로 넓었다. 유지남, 유문상, 김홍철 선생 등 낯익은 얼굴들이 조금은 안심시켜주었다. 그리고 바빠야 잊는다는 마음으로 잰걸음을 누볐다. 전교조 집회와 불법 유인물인 전교조 신문 배포하기, 보충 수업 채우기, '남몰래 글쓰기'와 가사 분담으로 눈코 뜰 새 없었다.

소설집 『비늘눈』과 시집 『유년일기』를 출간했다. 나이 사십에 늦게 출간한 처녀 생산물로 베스트셀러의 꿈에 부풀었으나, 꿈은 꿈으로 그쳤다. 그 대신 대학원에 입학하여 '정지상과 김부식', '이규보와 이제현', '랑구와 파롤'을 되새김하는 탄력의 시간을 누렸다. 그러나 모든 교직 기간을 통틀어서 이 학교 제자들의 이름이 제일 가물가물한 게 아직까지도 미안하다. 나날의 일상이 너무 바빠서 뭐 하나 제대로 추스르지 못했다. 같은 환경부 소속 이석동 선생과 제자 선생 맹계현을 중매 서서 부부의 연을 맺어준 게 가장 큰 성과랄까. 내 평생 유일한 소개팅의 성공이다.

서산 전출을 가면서 그나마 공주에서는 가장 가까운 고북중학
교를 선택했다. 어느새 칠판 앞에서 만나는 학생들보다 내 아파트
의 식솔들 쪽으로 몸이 기울던 40대 중반이었다.

고북중의 첫 회식 때.

40대 교감님이 전 직원에게 2차를 쏘았다. 면 단위 단란주점 탁
자로 4홉짜리 맥주병이 주르르 쌓였고 테이블 저쪽 화면에서 섹시
복장 여자들의 격투기 장면이 혼란스럽게 쏟아졌다. 나는 오로지
공주에 두고 온 내 아들딸 생각으로 암담할 뿐이었다. 음악 소리를
뒤로하고 노래방을 빠져나와 공중전화 박스에서 공주 새뜸 아파트
에 전화했다. 10살짜리 아들이 받는다. 슬픔을 감추고,

"아버지 없어도 잘 지낼 수 있지?"

"……."

"일주일 지나면 갈 테니까 파이팅을 외쳐. 응, ……야아, 파이팅."

"……하이……티힝."

아들내미의 기어가는 목소리가 아, 벼랑 끝으로 잦아지는 것이다.

그 다음 단골 찻집의 안연옥 시인에게 전화를 하다가 '아들이
보고 싶어요.' 하며 펑펑 울었다. 안연옥 시인은 '수화기 저쪽에서
터지는 그 울음소리가 정말 아름다웠다.'고 회고해서 오래도록 민
망하게 했다.

서산여중은 큰 학교였고 연령대가 젊었다. 50명의 평교사 중 내 나이가 두 번째로 많았고 신규 교사들이 바글바글해서 얼핏 대학원생들이 연상될 정도로 새내기 교사가 많은 교무실이었다. 연구부장을 맡으면서 학교 일이 더 바빠졌다. 승진 이야기를 주제로 삼는 부장 모임 자리도 그럭저럭 견디며 술을 마셨다.

그러던 어느 아침 전화를 받다가 미끄러져서, 인대가 뚝, 끊어졌고 학교를 2개월 정도 휴직했다. 악화가 양화를 구축한달까? 덕분에 공주의 내 집에서 2개월간 쉬게 된 것이다. 어린 내 아들딸은 스스로 아파트 열쇠를 따고 여전히 '학교 다녀왔습니다.' 하고 외쳤다. 평소에도 빈집의 열쇠를 따고 허공을 향해 무탈한 귀갓길을 보고했었다나.

연구 기획으로 전교조 길준용 선생이 옆자리에 앉았고 천수만 고향 동기생 정태궁 선생과 함께 도비산과 간월도를 돌곤 했다. 주로 전교조 교사들과 술을 마셨고 퇴근 후 고향 동창 박양렬, 김병수, 임장희 등과 어울렸고 서울에서의 동창생 홍성관 선생도 자주 합석했다. 시집 『하이에나는 썩은 고기를 찾는다』, 소설집 『엄마의 장롱』, 성장소설 『닭니』를 출간하면서 '전업 작가로 전향하여 본격소설을 써야 하나.' 고심하던 즈음이다.

6년 만에 돌아온 공주시 유구중학교

다시 서산에서 짐 보따리를 쌌고 벗 홍성관 선생이 유구까지 실

청소년 잡지 『미루』를 10년 정도 발간했다. 여린 풀잎들이 미루나무처럼 쑥쑥 뻗더니 순식간에 세상의 기둥으로 자리 잡기 시작했다. 청소년 문학상 시상식에서 수줍게 앉아 있던 아이들이 지금은 청년 학도가 되었다. 이제 발행인이란 의자를 물려줄 시점이다.

어다 주었다. 유구읍은, 아내가 처녀 교사 시절 근무하던 소도시였는데 낡은 건물들이 즐비한 쇠락의 느낌을 주었다. 우선 직물공장이 사라지면서 학생들 숫자는 절반 이하로 줄었다. 폐교된 인근 신풍 중고등학교가 병합된 점을 감안하면 그야말로 급격한 인구 감소다.

나이를 먹을수록 세월이 빨리 흐른다는 사실을 실감할 즈음이다. 어느새 아들딸이 중고등학교에 입학했고 후배 관료들이 쑥스럽게 얼굴을 내밀기 시작했다. 대통령은 참여정부의 노무현이었는데 보수 성향의 교사들이 틈만 나면 그를 씹어 돌려서 내 속을 부글부글 끓여놓았다. 산문집 『선생님 울지 마세요』, 성장소설 『꽃피는 부지깽이』, 산문집 『쓰뭉 선생의 좌충우돌기』를 발간하며 활자의 재미에 잠간 빠지기도 했다. 그리고 5년 세월이 또 흘렀다.

공주공업고는 원래 유구공고가 바뀐 이름이다

담벼락 너머로 이사하자 유구중학교 토박이 제자들이 절반 넘게 진학해서 전출에 대한 낯설음은 없었다. 게다가 도서관 보직을 맡아서 육십 평짜리 사무실을 통째로 얻는 행운도 있었다. 최적의 글쓰기 공간에서 시집 『꽃이 눈물이다』, 성장소설 『토메이토와 포테이토』를 출간했고 대학에서 '소설 창작'을 강의했다. 장년의 평교사 자리로 굳어지면서 골방에 박힐 즈음 대통령은 '4대강 공사'의 주역인 MB 정권으로 바뀌었다. 그렇게 파고 나르는 사이에 아들딸 모두 20대 청년 대학생으로 컸으니 기십 년 세월이 쏜살처럼 흐른 것이다. 임플란트로 이빨 틈새를 메웠고 어깨가 아파 칠판 꼭대기는 분필이 닿지 않는다. 모든 게 새롭고 리얼하다.

결코 지치지 않는 잠퉁이들의 몸짓이여

첫 발령지 S여고는 청정구역이었던 만큼 규제가 엄격했다. 레스토랑 출입조차 보호자 동반하에서만 가능했으며 낭자들은—그것도 아주 단정한 옷차림으로—교문 앞 구멍가게에서 핫도그를 사 먹는 자율만이 간신히 주어져 있었다. 80년 초, 교복 자율화 시국으로 모두 사복 차림으로 등교했지만, 예배당을 제외한 모든 곳에서, 남녀가 섞인 장면이 포착되면 학생부에 오그르르 불려왔다. 여고생들은 오로지 고지를 향한 강도 높은 학습만 강행했다(그때만 해도 수험생들의 대학 진학률이 20% 정도였으므로 나머지는 그냥 신기루 도전이었다). 그렇게 입시와의 사투를 벌이는 늦봄 5교시, 낭자들의 먹머루 눈꺼풀이 집단으로 사르르 내려앉을 시점이다.

"일 분만 자요. 네. 네."

천사표 표정으로 애원하면 두어 번 버티다가 못이기는 척,

"그러면 3분만 주무시죠."

그 한마디에 소녀들은 그대로 허리를 낭창낭창 꺾었다. 58명이 삽시간에 쓰러진 청정 소녀들의 낮 시간이 진짜 아련하고 고즈넉했다. 풍향계 바람개비에 눈을 주며 서비스로 3, 4분 더 여유를 더준 다음,

"눈을 뜨세요."

하면, 볼을 꼬집으면서 싸리회초리처럼 허리를 일으키는 입시 돌격대들의 실루엣 위로, 어린 날의 여름 풍경이 겹치곤 했다.

60년대 국민학교 시절

점심시간 이후 한 시간씩 강제로 잠을 재우는 문교부 방침이 있었다. 공을 차거나 자치기에 빠졌다가도 교정으로 새마을 노래가 울려 퍼지면 모두 우르르 교실로 몰려가 집단으로 벌러덩 눕는 것이다. 사내아이들은 복도에 가로로 누워 잠을 잤고 여자아이들은 교실 책상이나 의자를 맞대어놓고 잠을 잤다. 선생님들도 신문지를 깔고 함께 잠 속으로 빠져들던 재건 시대 한낮의 오순도순 취침 풍경이었다. 그 아련한 필름을 천사표들에게 통째로 선물하고 싶다고 마음만 먹었지만 한 번도 이루지 못했다. 어쨌든 세상의 모든 학교가 그렇듯 아슴아슴 풍경인 줄 알던 상태로 희망과 절망 속에서도 가끔 예전의 필름을 되돌리며 시큰시큰 황홀에 빠지곤 했는데.

복직 이후, 공립학교의 럭비공 특성과 캠퍼스마다 다른 질풍노도의 다양성에 적응하지 못한 탓이 주요인이다. 특히 그 학교에서의 수업은 '잠퉁이들과의 전투'였다. 수업 시작 10분쯤 지나면 사분의 일가량이 책상 위에 고꾸라지는 바람에 날마다 불꽃 튀는 신경전을 벌이다 거의 그로기 상태였다.

그리고 연구수업 시즌인 오월 어느 날.

그 와중에도 나는 아이들에게 '보여주기 위한 치장'을 일체 금지시키겠다고 단언했지만 기실 압박감을 몰래 파묻는 중이었다.

"교장님도 보시는 날인데 잘해야죠? 안 그러면. 선생님이……크크크."

길철이가 손바닥으로 목을 쌍둥 자르는 시늉을 하는 바람에 열이 받아 일부러 뜨악한 표정으로,

"평소와 똑같이 해라."

싸늘하게 잘라버렸다. 당연히 그래야 했다. 문제는 아이들이 진짜 평소와 똑같게 했다, 가 아니라 좀 더 오버했다, 가 아니라 엄청 심했다는 점이다. 그래도 뒷자리에 늘어선 정장 차림의 참관인단 분위기에 눌려 최소한의 예법은 지킬 줄 알았는데 완전 착각이었다.

교과서를 가져오지 않은 아이가 듬성듬성 보이는 건 기본이었다. 길철이는 아예 교장님이건 참관 스승이건 아랑곳없이 만화 삼

매경에 몰입하려는 준비 동작이다. 그보다 먼저, 시작 3분쯤 지났
는데 두환이가,

"화장실 좀 다녀오겠습니다."

나왔기에, '욱' 터지려는 뚜껑을 누르고 재빨리 보냈던 상태다.
'넌 면접 중에도 오줌 누러 갈거닛?' 소리치고 싶었는데, 이번에는
민수가 툭 튀어나오며,

"머리가 아파서 양호실 좀. 쩝쩝."

그 좌충우돌 직전에서 그나마 다행인 것은 참관하러 온 선생님
들 대부분이 잡무 찾아 한 분씩 교무실로 돌아가는 것이다. 문제
는 참관인이 있건 없건 비디오카메라가 그대로 돌아간다는 점이다.
어쨌든 '평소 그대로'를 내세우려던 나는 완전히 팥죽이 되었다.

나중 얘기지만, 비디오를 판독해보니, 벗들은 요소요소에서 늘
어진 테이프처럼 똬리 트는데 장년의 평교사 혼자 노란 잣대로 연
신 잠든 옆구리를 찔러대는 동영상만 보였다. 그리고 잠퉁이 선수
들은 나를 전혀 배려하지 않은 채 도미노처럼 하나씩 머리를 박는
스크린뿐이다. 졌다. 완전히 졌다. 다행히도 그 리얼 현장의 비디오
관객은 국어 교사 한 사람뿐이었고.

다음 장면은 중년의 어느 날, 장학협의회의 마지막 단계인 평가
회의

평가 내용이 지루하기로 소문난 장학님의 문장이 예상보다 한

참 늘어지는 것이다. 미주알고주알 개똥철학까지 당겨지면서 스승들의 머리가 어항처럼 출렁이다가 책상 위로 엎어지기 일보 직전이었다. 그러거나 말거나 일장 훈사가 끝난 줄 알았던 장학님이 다시 인쇄물을 돌리더니 성경 기도문까지 줄줄 읽어가면서 은총 나누기 최면에 빠지는 것이다. 그때 나의 눈에 포착된 건 교감님 옆자리 거구의 교무님.

교무님의 농구공 두상이 새근새근 흔들리기 시작하는 것이다. 그러다가 서서히 콧구멍으로 숨 쉬는 소리가 커지면서 장학님의 주기도문 소리에 맞춰 오르락내리락 톤을 조율하며 박자를 만들어 냈다. 그 '몰래 카메라' 장면을 나 혼자 포착하며 웃음을 참느라 벌겋게 입술을 틀어막아야 했다. 마침내 평가회가 끝나서 스승들이 해방감으로 고개를 꼿꼿이 세우며 박수를 치는데 농구공 교무님은 그제야, '쁘이이이이이잉.' 타이어 바람 빠지는 소리와 함께 눈꺼풀을 간신히 열더니,

"얼러, 집인 줄 알았더니, 아니네."

하면서, 빠각빠각 목을 돌리는 것이다.

푸헤헤헤헤헤헤헤헤.

폭소를 터뜨리며 고개를 돌려보니, 어렵쇼, 나를 제외하고는 아무도 웃지 않는 것이다. 교무실은 무인도처럼 고즈넉했고.

나는 모임이 예닐곱 개 있는데 그중 두 개가 남녀 혼성팀이다.

청소년 시절부터 초로까지 모임 과정의 복잡다기한 사연은 생략하고─아무튼 우리 조직의 한 팀이 1박 2일로 연수에 몰입하는 늦가을이었다.

남자는 큰방에서, 여성동지들은 칸막이문 작은방으로 숙소를 정했는데, 문제는 술이다(우리 조직들은 대개 술 이외에 아무 특기가 없다). 남성 숙소에 차려진 술판이 길어지면서 약골 사내부터 하나씩 보이는 공간마다 볏단처럼 쓰러지는 바람에 잠자리의 남녀 구분이 흐려진 것이다. 그래도 아낙네 팀과 한 지붕 아래에서 거(居)한다는 현실에 따뜻한 기분도 들었는데 문제는 삼십 대 '김님'이라는 골드미스의 코 고는 소리였다. 방이 넓었고, 김님과 나는 7미터 이상 떨어져 있었지만, 언제부터였나, 잠귀가 유난히 옅은 내가 코 고는 소리를 느끼면서 소음과의 전쟁에 돌입한 것이다.

여기저기 열댓 명의 풀자루가 구겨진 아스라한 공간.

그 속에서 전전반측 뒤척이기 시작했다. 그랬다. 그미의 코 고는 소리는 생김새와 완전 딴판이었다. 문학소녀 아가위 눈빛과는 완전히 동떨어진 금속성 기차 화통이 터지는 것이다. 숨을 내뿜지 않고 빨아들이기만 하는 특이 체질이 인간세계에 있다는 것도 처음 알았다.

아무튼 버텨내야 한다. 아무리 귀를 틀어막아도 뚫고 들어오는 저 '노동의 폭탄 고동'을 막아낼 재간이 없었으므로 나 홀로 이를 악물 뿐이었다. 혼자서 주방과 가장 가까운 모서리에 고개를 박고

칼잠으로 눕힌 채 '신이여, 나에게 제발 기면증(嗜眠症)에 빠지게 해주소서.' 기도했지만 말짱 허사였다.

기나긴 서사가 지나고 먼동이 트는 신새벽.

커튼 사이로 먼동이 틀 즈음 모두 눈을 떴다. 마침내 김님도 깨어나더니 호수처럼 맑은 눈동자로,

"편안히 주무셨어요?"

새벽 인사를 시작으로 나머지 동지들과 아삭아삭 익은 배 미소를 주고받는 중이다. 다시 양갓집 규수의 일상을 펼치는 창문 너머로 노란 은행잎이 우수수 떨어지고 있었다.

아내는 잠이 많다

아들과 딸도 엄마를 닮아서 잠에 빠지면 도저히 일어나지 못한다(이 부류들이 책상머리에서는 희한하게도 질기게 버틴다). 그네들의 어린 시절, 그러니까 15년 전쯤이 가장 바빴다. 이차구차 짊어진 짐들이 무거웠고 엄청난 분량의 술잔을 소화시키랴, 두 아이 키우느라 우왕좌왕하랴, 게다가 아내의 늦잠 문제도 끼어 있었다. 아침마다 출근 전쟁 돌입을 위한 '기상 다그치기'는 주로 내가 시도했다.

또 봄이었고.

다섯 살 내 딸 주현이네의 '햇살 어린이집' 봄날 시화전 주제는 '행복한 우리 집'이었다. 그래서일까. 하늘도 봄날이고 고사리손을 잡은 엄마 아빠들의 표정도 봄날이었다. 그리고 나는 즐비하게 늘

어진 시화를 살피며 풋내들의 깨가 쏟아지는 그림과 글자들의 감회에 젖는 중이다. 대개 '우리 집은 행복해요'처럼 아기자기하다. '아빠도 행복하고 엄마도 행복하고 금붕어도 행복해요.' '아빠 곰은 날씬해, 엄마 곰은 뚱뚱해, 아기 곰은 너무 귀여워.' 그런 웃음꽃 풍광들이 사월의 하늘로 번지는 중이다. 모두 착하고 귀엽다. 그런데, 딱 한 편 이질적인 액자가 가로막는다. 내 딸 주현이의 시가 적힌 액자인데,

> 선생님 저는 행복하지 않아요.
>
> 엄마가 늦게 일어난다고 아빠가 베개로 뻑 때렸어요.
>
> 아빠, 엄마를 계럽히지 마세요.
>
> 여버, 빨리 일어나세요, 해요.

그런 리얼 문장이 있었다. 세월이 쏜살처럼 흘렀고 '상처를 머금었던 소녀 요정'은 지금 등줄기 시퍼런 돌고래 젊은이가 되어 있다. 그리고 나는 아주 가끔 상큼했던 젖내 나는 동시를 떠올리며 눈시울 젖는다.

전화라는 괴물

60년대 중반 악동들의 스펙 한 토막.

면 단위 그 지역에 전기가 들어오기 사오 년 전에, 전화기가 먼저 선을 보였다. 그러니까 신작로 타고 관공서 순으로 면사무소, 학교, 지서가 첫 번호를 탔고 그 다음 소재지 근방 돈깨나 있다는 유지 순으로 몇몇 집이 전화를 놓았는데 바로 언덕바지 담뱃집 여자 친구 현이네 집이 거기에 해당되었다. 전화번호 순서는 면사무소가 1, 2번 국민학교가 3, 4번 중학교, 지서, 우체국과 농협이 5번에서 9번까지 먹었고 10번부터 민간인 번호였는데 현이네 집이 바로 다음 번호인 10번이었으니 필시 토종 유지였으리(염전을 가지고 있었음).

동갑내기 여자 친구 현이네 집에서, 전화라는 '신종 괴물' 구경

162

에 넋이 빠져 손가락만 헤벌레 빨아대고 있었다. 신기했다. 수화기를 들고 플라스틱 막대기를 돌리면 아리따운 여자의 목소리가 '네 - 에.' 하고 반겨주는 것이다. 그러면,

"교환, 7번."

"15번 점 바꿔줘유."

부르는 대로 전화선이 연결된다는 것이다. 우리들은 그 먼 지역까지 목소리가 소통된다는 사실을 도저히 이해할 수 없었으므로 오로지 황홀한 뿐이었다. 그때 전화기 옆에 웅크려 기웃대던 익구가 기발한 착상을 내었다.

'냅다 욕을 퍼붓고 뚝 끊어보자.'

는 것이다. 얼굴이 보이지 않으므로 절대로 들키지 않는다고 생각했다. 일찍이 신작로에서 완행버스 창문을 향해 풋감자를 먹이고 도망쳤던 서스펜스의 연장선이다. 즉각 실행에 옮겼다. 전화기 막대기를 돌리더니,

"교환, 2번요."

면장실이 1번이었고 2번은 면사무소 사무실이었다. 그리고 상대방 수화기 저편에서 점잖은 초로의 목소리가,

"예에."

낮게 깔면서 깍듯한 예의를 갖추는데,

"쇼발늠아."

냅다 소리치고 뚝 끊어버렸다. 다시 수화기를 들고 '초오치나 먹

어랏.' 한 번 더 내질렀지만, 일단 내렸다가 다시 들어 올린 상태라 그 소리까지 들리지는 않았던 것 같다. 아무튼 키득키득 난리 블루스를 떨던 그 익명성의 해프닝은 곧바로 시커먼 매타작 부메랑으로 돌아왔다. 대낮에 홍두깨 한 방 맞은 부면장님께서 교환수 누나를 거쳐서 곧바로 악플의 근원지를 색출해냈고, 그날 밤 익구는 즈이 아버지 지게 작대기로 시커멓도록 두드려 맞았다(그 후 살 만한 집 순서대로 전화기를 놓기 시작하면서 5년 후 우리 집도 전화번호 57번을 따게 되었다).

나이 열여섯 야간 중학생 중3 신분이었던가

그때까지도 전화 사용은 드문 일이라서 감히 전화기 옆에 다가서기 어려웠던 즈음이다. 다다미 루핑 집 주택 자취방에는 2층까지 여섯 집이 살고 있었는데 주인집 안방에 유일하게 전화기가 있었으니 아마 전세금만 받아먹어도 살 만한 집이었던 것으로 기억된다. 방문객들이 전화기 옆 돼지 저금통에 동전을 집어넣고 사용하는 시스템이었지만 그때까지 나는 단 한 번도 전화기 사용을 위해 주인집 문을 연 적이 없었다. 돈이 떨어지면 고향에 편지를 보냈고 멀리 있는 친구에게는 주로 엽서로 소통했다.

청파동 골목길 자취생 시절.

오후 네 시 등교 시간을 때우기 위해, 친구가 필요하면 무작정 시내버스를 타고 골목길 찾아 벗의 집 대문을 두들겼다. 부재중이

4년 만에 교단으로 돌아왔다. 복직 첫 발령지였던 탄천중학교 담벼락에는 팬지꽃이 피어 있었다. '아이들을 사랑한다.'를 주술처럼 외우며 텃밭에 씨를 뿌리고 물 주러 다녔다. 쓰레기장에서 불을 지피면 아이들이 오그르르 몰려오기도 했다.

면 근방 만화방에서 죽치거나 그마저 돈이 안 되면 친구가 나타날 때까지 정류소나 다리 위에서 하염없이 기다릴 뿐 전화기 사용은 엄두를 못 냈다. 그러다가 딱 한 번 주인집 전화를 사용했으니.

어느 하굣길, 갑자기 관절을 움직이지 못해 정류소에서 주저앉았다.

정확히 말하면, 오래전부터 질병 전조가 진행 중이었는데, 몸의 신호를 감지하지 못한 채 무감각하게 지내다가 한꺼번에 나쁜 피들의 공격을 받은 것이다. 서울 청파동 54-3×번지 전봇대를 부여

잡고 간신히 출입문을 통과했다. 정류장에서 건널목 지나 집에까지 1킬로미터 남짓 골목길을 두 시간 가까이 걸려서야 간신히 도착할 수 있었다. 그리고 밤 열한 시에, 나는 처음으로 주인집 전화를 사용할 생각을 해보았다.

주인집 돼지 저금통에 100원을 넣고 충남 서산군 부석면의 전화번호 '57번' 시외 전화를 신청했다. 신청 후 30분가량 기다리자 따르릉 소리가 들리면서 수화기 속에서 '전화 왔어요.' 하면서 서울과 충남의 여자 교환수끼리 서로 전화선을 연결해주었다. 그리고,

"나 죽을 것 같아요. 아부지."

첫마디를 던지고, 펑펑 울다가 전화를 끊었다.

부모님은 화들짝 놀라, 이튿날 신새벽 완행버스로 일곱 시간 만에 서울행 출타를 완료하셨고, 곧바로 중환자실 수속을 밟은 나는 명동의 성모병원에 스무 날가량 입원했다. 부모님은 내 맨살에 메스를 대는 이유가 모두 전화기 탓 같더라고 도리질 치셨다. '자라보고 놀란 가슴'이 된 아버지는 오랫동안 전화벨 소리만 들리면 깜짝깜짝 놀랐고, 특히 '한밤중의 시외 전화'는 받기 전부터 파랗게 질리곤 했다.

이번에는 내가 전화 공포증에 걸리게 된 아픈 사연인데……

학교에선 교무실 전체에 교감님 자리 딱 한 곳에만 전화기가 놓여 있던 시절이다. 첫 발령지 쌘뿔여고 한문 시간이었고 당시 내

신분은 여자고등학교의 총각 선생으로 늘 몸이 허공에 부웅 떠서 다니던 보람과 행복의 청춘이었다. 한문책을 통째로 외우면서 분필도 탁탁 부러뜨리는 모션으로 천재성과 마초성을 동시에 드러내는 수업으로 몰입 중이던 봄날의 오후였다. 띠이띠 스피커가 울리면서 갑자기.

"강병철 선생님께서는 시외 전화가 왔으니 교무실로 오시길 바랍니다."

"와아아아, 당첨이다."

소녀들은 '스피커에 내 이름이 나왔다'는 이유만으로 매스컴을 탔다며 호들갑 박수를 쳐댔다. 목련꽃 하얗게 흐드러지는 창밖 사월의 봄은 밝고 파릇했고, 강당 위로 풍속계가 팽그르르 돌아가는 중이었다. 그리고 그런 소동이 웬지 불길했다.

공주 영명고에 근무하던 내 친구 권태환 선생의 누이동생이다.

"태환이 오빠가 교통사고 나서 성모병원 병실에 있거든요."

"몇 호실이야?"

그냥 흐느끼기만 한다. 아, 영안실이라는 것이다.

태환이가 죽었다. 여섯 공주에 외아들이었던 귀한 집 아들 권태환 선생을 하느님께서 느닷없이 부르신 것이다. '늙어서 함께 모여 학교를 세우자.' 하던 내 친구 태환이가 통학 버스 충돌로 그렇게 허망하게 세상을 떠난 것이다. 지금도 나는 목련꽃만 보면 태환이 생각으로 울컥 치밀곤 한다.

때로는 무릎을 꿇은 만큼 짐을 벗는 것 같기도 했다. 무르팍 동지들과 함께 중년에서 초로까지 세월을 보냈다. 그때 유지남 선생, 전병철 선생 등과 동학농민전쟁 100주년 기념 공동 창작시를 써서 비목처럼 세워놓았는데, 10여 년이 지나 바람에 패어서 사라져버렸다. 우금치 고개에 오르면 자꾸 흙 속에서 '부서진 내 뼈 내놔라.' 하는 소리와 함께 불쑥 바짓가랑이를 잡아당길 것 같다.

나는 원래 목욕탕에서 전화 환청이 있었는데 특히 샤워 중에 더 그랬다. 그래서 긴가민가했는데 이번에는 진짜 전화 소리인 것이다. 비누칠 상태로 장판을 달린 게 결정적 실수다. 알몸 공중제비 상태에서 결정적으로 낙법을 실패한 것이다. 사람이 미끄러질 때 '좌르르르 쾅' 소리가 나는 것도 처음 알았다.

그렇게 납작 쓰러진 와중에도 엉금엉금 수화기를 잡았다. 케이블선 저쪽에서 우리 반 바보천사 순임이의 울상 섞인 목소리가 들린다.

"선생님 길묵이가 자꾸만 연탄재라고 놀려요. 학교 다니기가 싫어요."

"피해버…… 려. 똥이 무서워서…… 피하냐? 그리고 너 별로 까맣지 않아."

나는 밭은 신음을 질렀으나 순임이는 전혀 개의치 않는다.

"피하면 쫓아다니면서 놀리거든요. 지금 혼내주세요. 일단 전화번호 좀 적으시고요. 먼저 걔네 아부지부터 족쳐야 돼요."

"누구 아버지……. 으음."

"생선도 못 되는 멸치 새끼 길묵이 꺼요."

"……으으 ……무슨 멸치?"

"그 새긴 빨간 모자를 써야 돼요. 무슨 말인지 알아요? 멸치에 고추장 찍어 먹는 거예요. 우히히히."

울멍대던 순임이가 갑자기 히히덕거린다. 나는 신음을 삼키면서,

"으으, 이따가 학교에서 ……."

"안 돼요. 지금 전화해주세요."

"그런데 순임아. 지금 선생님이 전화번호를 연필로 받아 적을 상황이 아니거든."

그 말을 남기고 알몸의 자반뒤집기 동작을 취했다.

'그런데 지금 전화를 받을 상황이 아니거든.'

기실 이 말은 예전에 황덕명 사장이 최은숙 선생에게 단말마로 던졌던 말이다.

황덕명 사장은 출판사 '푸른 나무'에 있다가 독립하여 '내일을 여는 책'을 운영하다가 마침내 건달 농사와 담장 밖 스승으로 자리를 바꾼 먹물 출신 민초다. 토실토실 팬더처럼 허여멀겋던 지식인 스타일이 양산박 체형으로 변모하면서 땡볕에 그을린 상처도 두어 개 생긴 터프가이로 바뀌었다.

어쨌든 그날은 최은숙이 그에게 핸드폰으로 책 주문을 하는 중인데, 수화기를 켠 '황'이,

"아, 최 선생님, 내가 연락을 자주 해야 하는데 오랫동안 연락도 못 드려서 미안해. 잘 지내시구요."

그 와중에도 조금 뜨뜻미지근하다는 생각은 했지만 그런가 보다 했다. '최'는 단도직입.

"『사유하는 교사』 다섯 권, 하이다니 겐지로의 『나는 선생님이 좋아요』 다섯 권, 『풀무학교』 세 권, 『삽 한 자루 달랑 메고』 세 권, 『프레네 교육학』 세 권 그리고 박일환, 유지남, 이응인 시집 두 권씩요. 잘 적나요?"

중간 확인 중.

"……잠깐요, 내가 지금 전화로 받아 적을 상황이 아니거든."

상황인즉슨, 트럭 전복 상태에서 핸드폰을 받은 것이다.

그가 트럭을 몰고 강화도 오솔길 눈발을 뚫고 가다가 브레이크

고장으로 미끄러지면서 트럭이 뒤집혀버린 위기의 사태였다. 황 사장이 쓰러진 차 안에서 몸을 요리조리 세워 비지땀으로 비트는데 최 선생의 핸드폰이 울린 거란다.

2011년 '우짯짜'라는 보수 단체와의 통화 한 토막

그 우짯짜에서 전교조 조합원 전체에게 괴편지를 보냈다는 소식을 들으면서 짜증스러웠던 직후 나한테도 그 쪽지가 날아왔다.

> 전교조 수렁에서 나오세요, 붉은 교육으로 온 세상이 혼란스러워요, 선생님이 아무리 순수하게 참교육을 한다고 해도 사실은 붉은 악마의 조종에 놀아나는 거랍니다,

문장을 압축하면 대략 이런 정도의 함량 수준이었지만, 나는 공격적 문장으로 토론하기 위해 전화를 걸었다. 하필 월드컵 4강 축구팀과 붉은 악마의 사진이 역동적으로 걸려 있던 도서실 전화기 앞이다. 그 아래에 내가 쓴,

'승부는 아름답지 않지만 최선을 다하는 것은 아름답습니다.'
라고 적어놓은 문구를 보면서 번호판을 눌렀다. 그 와중에도 발신음을 느끼며 짝사랑 고백하듯 좌르르르 소름도 떨렸던 것도 같다. 곧바로 낭랑한 목소리가 툭 튀어나온다. 신분과 소속을 밝히고 전화 사유를 짧게 말했다, 그리고 마지막 끝내기로,

"앞으로도 이런 편지를 보낼 건가요?"

"어제 조○○보 못 보셨나요."

그니는 익숙한 작업처럼 희한한 카드를 침착하게 뽑아낸다. 눈길을 전혀 주지 않던 신문이지만 어쨌든 내 식으로 질문한다.

"칠만여 명의 교사 조직을 신문기사 몇 줄 보고 '이걸 보세요. 악마의 수렁에서 빨리 나오세요.' 하며 유인물 다발을 보내는 건 너무 아마추어 같잖아요."

"순수한 선생님도 계시지만 수뇌부는 북괴의 조종에 의해 움직이거든요."

"선생님들의 단체를 누구의 지령에 의해 움직인다고 하시다니…… 왜 그래요? 마이너리그처럼."

코털을 뽑으며 한마디 했다. 그때까지는 나도 여유가 있었으므로 다시 월드컵 응원단 화보를 손바닥으로 문지르며 침착성을 유지하려 했던 것 같다.

"빨갱이들의 조종을 받는 거라니깐요."

"만약 제가 우짯짜 단체를 빨갱이 지령으로 움직인다고 하면 좋으시겠어요?"

뻗치는 열을 누르고 차분하게 반격의 기회를 엿보려는 중인데,

"선생님은 골수 붉은 악마예요."

그러더니 후닥닥 수화기를 끊어버린다.

아닌 게 아니라 '대-한민국'을 토로하던 월드컵 '붉은 악마'들이

커다랗게 벌린 입술 상태 그대로 딱 멈췄다. 순간 나는 어린 날 익구의 모습이 떠올라 먹하니 서 있었다. 지게 작대기에 쫓겨 혼비백산으로 도망치던 기계총 소년의 '놀란 토끼 눈' 풍경이다. 나는 '밟은 똥의 덫'에서 헤어나지 못한 채 얼이 빠졌고.

어떤 성현의 말씀이던가. 모진 놈이 벌레 씹은 얼굴로 거친 문장을 구사하며 덤벼들면 까르르 웃는 것도 예법이라고 했다. 아무리 진정성을 설파해도 이미 닫힌 귀는 쇳덩이처럼 열리지 않으므로.

강병철 선생님이 먼저 때렸거든요

일흔둘 정씨 어르신네는 빈 박스나 스티로폼, 신문지를 주워서 하루 칠천 원 내지 만 오천 원쯤 번다. 2학년 때 집 나간 아이 정덕배네 조손 가정 할아버지다. 그가 점심을 먹기 위해 행복 아파트 정문으로 나가는 중이었다. 햇살 아래 벤치에 자리 잡아 집에서 싸온 도시락 뚜껑을 열고 공복을 채우려던 평화로운 정오다. 박스 쌓는 보행기 밀차를 돌리는데 경비원 박 씨가 발목을 잡았다.

"아저씨, 내일부터 이쪽으로 다니지 마시요."

"……왜?"

밀차가 정지되며, 금세 공기가 싸늘해진다.

정 씨의 눈꼬리가 가늘게 떨리는 순간 물상들이 일제히 숨을 멈췄다. 불안하다. 밀차에서 떨어진 스티로폼 박스가 바람에 밀려 놀이터 난간에 딱 부딪쳤다. 오랜 응어리를 한꺼번에 터트리려는 듯 정 씨의 눈에 쌍심지 불이 붙는다.

"미국 놈도 지나가고 일본 놈, 소련 놈 죄다 지나가는 이 동네 아파트 출입구를 왜 한국 사람인 나만 못 지나가나?"

"사람들이 의심한다니까요."

땀 냄새가 꾀죄죄하여 잠재적 범죄자처럼 보인다는, 경비원 박 씨가 그 '금기의 언어'를 관성처럼 내뱉어버린 게 결정타이다. 분기탱천한 정 씨가 되로 받은 상처를 말(斗)로 되돌려 주기 위해,

"어떤 놈이 의심해. 간나 새꺄? 너 같은 놈은 관리소에 얘기해서 내일 당장 짤라버려야겠다."

"뭣 짤러? 이 젖망구리가. 짤라봐! 짤라봐!"

순식간에 두 몸뚱이가 뒤틀리면서 기쓰끼, 스발스키가 파편처럼 튀어나왔다.

잠시 아수라장 싸움판 정리 후, 정 씨는 성한 종이를 찾느라 쓰레기 더미 앞에 웅크려 있었고, 나는 경비원 박 씨와 멍든 상처를 닦아내기 위해 수돗가에 쪼그려 있다. 그랬다. 두 비탈길 인생이 순식간에 엉겨 붙은 찰나 내가 '물 만난 고기'로 변신한 것이다. 장년의 육신, 아직은 근력이 남아 있다며 맹활약으로 고래싸움을 막아내다가 그들끼리 휘두른 주먹질에 아귀통 두어 방을 대신 먹어준 것이다. 예전부터 그렇게 나는 몸싸움 참견에 민감했었다. 그건 소년 시절 '조무래기 콤플렉스'에서부터 비롯되었던 건데.

동급생 규율부들이 우르르 명찰 검사를 나왔다. 일 년에 두어 차례 교실마다 비상을 걸며 유세를 벌이는 완장들의 관행이다. 미리 정보를 얻은 나는(70명 중 키 순서로 번호 3번, 136센티미터) 일단 태풍을 피하겠다는 심사로 노란 색종이 바탕에 이름을 쓴 다음 밥알을 으깨어 교복 윗도리에 붙였다. 조무래기들은 불안하게 웅숭그렸고 덩치 큰 규율부들은 선배들 흉내를 내며 동급생 복장을 터치하는 중이다.

찬홍이(172센티미터)는 덩치와 콧수염과 여드름 종합판으로, 선생님들까지 함부로 다루지 못하던 중량급 아이다. 진짜다. 덩빠리 친구들과 훈장님 사이의 묵언의 타협일까, 조무래기들에겐 싸대기부터 시작하던 선생님들도 유독 찬홍이에게는 '네 이놈.' 하고 눈만 부릅뜨다가 짐짓 헛기침으로 넘어가주곤 했다. 그 찬홍이가,

"이게 명찰이냐? 새봉아."

머리를 툭 건드리는 것이다. 얼핏 고개 들으니 찬홍이 역시 노란 색종이 밥풀때기 명찰이다. 참으려 했다. 문제는 찬홍이가 옆자리 상국이의 목을 흔들며 조인트를 날리는 걸 못 견딘 점이다. 강도는 약했지만 단추가 떨어졌다는 이유로 파랗게 질린 상국이를 보는 순간 울툭배기가 터졌다.

"너나 잘하세요. 시헐."

찬홍이의 명찰을 꾸욱꾹 눌렀다. '이건 뭐야.' 하는 거구의 눈빛

에서 쏘아대는 표창을 반사적으로 되돌려 준 것이다. 찬홍이는 어이없다는 듯,

"씀발시캬. 너 몇 번이냐?"

앞 번호 조무래기가 감히 뒷번호 큰 아이에게 덤빈다는 뜻이다. 덩빠리 규율부들이 우르르 몰려와 '어쭈구리' 표정으로 병풍처럼 둘러싼다. 다른 놈들은 찍소리 없이 잘 견뎌주는데 왜 김밥 옆구리 터치냐는 으름장이다.

'먼저 쳐야겠다.'

재빨리 선방을 날린 내 몸이 곧바로 패대기당했고 몰매로 정리될 때까지 아무도 말리지 않았다. 그러니까 중딩들의 정글에서는 동급생끼리도 결코 대등하지 않은 것이다.

그 후 날마다 자취방 책상에서 외롭게 싸움 궁리만 했다. 여기서 더 이상 밀리면 끝장이므로 연필깎이 칼로 책상 모서리를 벅벅 긁어대며 결의를 다졌다.

'교탁에 발을 받쳐 지렛대 원리로 날아 차야겠다.'

'책상 위에 올라서서 선방을 쳐야겠다. 선팅만 제대로 걸리면 절반은 이긴다.'

시간이 지날수록 매운 고추가 되었다는 자신감이 붙기도 했다 (나중 얘기지만 삼십 년 후 동창회 뒤풀이 술상에서 상국이가 찬홍이에게 시비를 걸었다. '그때 왜 날 때렸니.' 다그치자 찬홍이는 '내가 은제?' 하면서 어리둥절할 뿐이었다. 지금은 두 놈의 키가 똑같이 172센티미터나).

우리들은 어깨가 근질근질했다. 거웃이 돋기 시작하던 여드름 소년들은 자꾸만 솟구치는 힘을 어찌 되었든 쏟아내야 했다. 그래서일까, 골목길 어디쯤에서 마주 오는 사내들과 어깨도 툭툭 부딪치고 싶은 것이다. 첫눈이 한겨울처럼 쏟아지던 날 담벼락 너머 북도학교와 패싸움도 했다(종로의 그 학교 담벼락 양쪽에 각각 다른 두 개의 학교가 붙어 있었다. 왼쪽 여학교 담장으로 종이비행기를 날리고 싶은 유혹에 빠졌지만 반대쪽 수컷 학교와는 팽팽한 긴장 관계였다). 맨 처음 담벼락 너머로 눈뭉치 몇 개 던질 땐 순전히 장난일 뿐이었다. 곧바로 담벼락 반대쪽에서 눈덩이 보답이 두 배로 날아오면서 눈싸움의 판이 확장되기 시작한 것이다.

"모여라. 북도학교와 전쟁이다."

다른 조직과의 싸움은 내부를 튼튼하게 단결시켜준다. 조무래기 덩빠리 따질 것 없이 순식간에 수십 명이 모여 담벼락 너머로 눈폭탄을 쏴서 넣었다. 어느새 북도학교에서도 칠팔십여 명이 모여들어 일전불사 결의를 세우는 중이었다. 찬홍이는 신바람이 나서 담벼락 위 모서리에 덮인 눈사태를 삽날로 퍼붓기 시작했다. 그러다가 헛발을 딛고 '악' 소리를 내며 아래로 떨어졌다.

하필 그때 북도학교 교복들이 몽둥이를 들고 우르르 담을 넘었다. 조개탄 난로 부삽이건 봉걸레 자루건 닥치는 대로 담을 넘자 성을 사수하던 우리 수비대들이 건물 안으로 우르르 도망쳤다. 선두 그룹이 전열을 놓치고 등을 돌리자 얼떨결에 오합지졸이 되어버린 것이다. 찬홍이를 끌고 나오려던 나는 발목이 접혀 쓰러졌고 적군 중 누군가가 낙오병의 등허리에 시멘트 벽돌을 올려놓았다. 그후 키도 쪼끔 컸고 완력도 그럭저럭 버틸 만하다고 생각했던 시절도 있다.

밤꽃 피는 유월

질곡의 시국 수십 성상이 쏜살처럼 흐르고 장년의 평교사로 진입하면서 시나브로 기가 빠지기 시작했고 아이들 다루기도 녹록지 않은 세태를 느낄 즈음이다. 나는 세 번째 줄 중딩 복길이와 기 싸움을 벌이는 중이다. 앞자리 민구의 어깨를 연신 볼펜 찌르기 시늉을 반복하는 게 눈에 거슬린 것이다. 행태가 여러 번째이므로 뿌리를 뽑기 위해,

"이리 나오셔."

매섭게 소리쳤으나 복길이는 꿈쩍도 안 한다. 초여름 교실로 시베리아 찬바람이 쌩쌩 몰아친다. 뚜껑이 열리기 직전.

"나왓!"

아차, 하마터면 '가이새캬' 소리가 튀어나올 뻔했다. 나는 흘린 뻔한 욕설을 감추기 위해 더 심각한 표정을 보여주었지만 복길이는 여전히 석고처럼 움직이지 않는다. 이제 스승과 제자의 맞장 대결이다. 둘만 남고 이 세상 모든 물상이 침잠해버렸다. 엎질러진 물

을 감추기 위해서는 한 번 더 소리친다.

"……좋은 말로 할 때."

묵묵부답, 움직이지 않는다(아차, 하마터면 또 '쌈 새꺄' 소리가 새어 나올 뻔했다).

다가가기 싫다. 제자들에게 봉변당하는 스승들의 인터넷 사연 때문은 절대로 아니다. 대구의 여선생은 덩치 큰 제자에게 데굴데굴 뒹굴며 얻어맞았단다. 교실의 구경꾼들에게 '바깥에 나가는 놈은 죽엇!' 하며 제압하니 옴짝달싹 못했다나 어쨌다나, 그런 이유는 절대 아니다. 나는 아직 몸이 강하고 힘도 세다.

'욱' 선방을 날리려고 손을 번쩍 올리는 순간 '십자가가 번쩍 떠오르는 환상' 때문에 재빨리 팔을 내렸다(나는 크리스천이 아닌데 왜 십자가가 가로막았는지 아직도 그 이유를 모른다).

"부를 때 왜 오지 않았니?"

한 시간 뒤, 교무실에서 아이는 고개를 숙인 채 여전히 묵묵부답이다.

"너를 나오라고 할 때는 해를 끼치려는 게 결코 아니었어."

아이를 보내고 눈시울을 꿈먹대는 이 순간에도 세월이 흐르는 중이다. 이제 초로의 문턱에 서서 노여움이 짙어진 대신 눈이 여려졌다. 그런데…….

그해 여름.

한 아이가 세상과 작별했다.

갑작스런 사고로 망자가 된 제자 소식에 교무실은 무너졌고 우리들은 여름방학 막바지를 아프게 반납했다. 가족들의 절망을 지켜보며 스승들은 검은 리본을 단 채 2박 3일 내내 죄인이 되어 장례식장에 머물렀다. 여선생님들이 검은 옷차림으로 무수리처럼 몸 심부름을 뛰었지만 아무리 지성을 들여도 엎질러진 사태를 해결할 길이 없었다. 곧바로 슬픔을 넘어 복잡한 행정적 난망함이 그물처럼 씌워지기도 했고.

그때 망자의 친척쯤 되는 스물다섯 살 젊은이가 울퉁불퉁 상가를 휘젓다가 아버지 또래 조문객인 스승님들의 뺨에 손바닥을 날리기 시작했다. '근조'라는 검은 리본을 찬 조문객들은 무조건 망자의 스승님이므로 대번에 표적이 되는 것이다. 제자의 죽음을 애통해하던 네 명의 선생님이 차례대로 싸대기 세례를 당했으나 벌겋게 달아오른 볼만 비빌 뿐 아들뻘 젊은이에게 아무런 대응도 할 수 없었다.

그 아수라장의 장례식장을 처음부터 지켰던 내가 봉변을 피할 수 있었던 것은 워낙 생김새가 선생 같지 않아서였고, 또 가슴에 리본을 달지 않아서였다. '멀쩡한 홍두깨'를 먹고도 전혀 저항하지 못하고 제자를 하늘나라에 무사히 보내기 위해 옷깃만 여미는 스승의 모습은 참담하다. 나는 부글부글 끓이며 응급실 TV에 눈길을 주었는데.

쌍용차 철망을 사이에 두고 대치 중인 두 집단이 브라운관을 채우고 있었다. 한쪽은 해고 노동자들이 점거한 공장의 현장이고 다른 한쪽은 잘리지 않은 어제의 '한솥밥 동지'들이 건물 진입을 시도하려는 중이었다. '살아남은 목'들이 '잘린 목'들에게 '내 밥그릇 챙겨 먹을 수 있도록 네 밥그릇 비우고 나가달라.'고 시위하는 풍경이, 연출처럼 등장했던 것이다.

'정상 가동', '정상 가동.'

구호를 외치는 '남겨진 노동자'의 팔뚝에 해고 노동자의 아내가 매달린다.

'제발 멈춰주세요. 저 안에 남편이 있어요.'

회사 측 노동자 대부분이 카메라를 피해 고개를 숙이는데 유독 근육질 사내 하나는 해고 부녀자의 눈물을 외면한 채 터미네이터처럼 무표정하게 구호를 외친다. 카메라 포커스가 깊어지면서 '진짜 노동자인가.' 하는 의구심으로 오래도록 갸우뚱했고.

해고 노동자들의 스크럼은 한동안 풀어지지 않았지만, 온갖 무시무시한 장비들이 동원되면서 마지막 방어선이 뚫려버렸다. 경찰들이 돌진하면서 바닥난 식량으로 버티던 성안의 마지막 사수대가 무너진다. 지붕 위에서 '한 집안의 아버지'들이 쇠파이프에 맞는다. 또 맞는다. 도망치다 옥상 벼랑 끝에 걸려 오도 가도 못 하다가, 웅크린 채 쇠파이프를 맞는다. 분하다. 21세기 대명천지에 쇠파이프

182

로 매를 맞던 노동자의 모습을 나는 영원히 잊지 않을 것이다.

카메라가 이동하면서 노동자들의 화장실 모습을 아주 잠깐 비춰준다. 삐뚤빼뚤 낙서투성이가 현장을 대변한다.

'돼지갈비가 먹고 싶다.'

'가족들 고생시켜서 미안하다.'

70여 일의 대장정 끝에 상처투성이의 대타협을 보았지만 결국 노동자들은 어마어마한 물질적 배상금을 떠안아야 한다. 아무도 공장의 기계를 훼손시키지 않았지만 정상 가동으로 움직였어야 할 생산 라인이 멈췄다는 이유다. 보수 언론들은 편집증 본색을 드러내며 망가진 몸에 그물을 씌운다. 전교조 교사가 돌부리에 걸려 넘어지면 하이에나처럼 물어뜯던 그 아바타 곡필들이다. 해고 노동자들을 향해 일제히 활시위를 당긴다.

마지막으로 머쓱한 기억 한 토막

ㅌ중학교 1학년 3반에는 두 명의 키다리 소년이 있었다. 석구는 정의파였고 경섭이는 즉흥파 스타일이었는데 나는 특히 두 놈과 몸싸움 놀이를 즐겼었다. 첫인상으로 바싹 겁먹었던 경섭이가 '에 – 속았네.' 하며 나에게 조금씩 개기기를 시도할 즈음이다. 복도에서 슬쩍 밀어붙이면 정의파 석구는 아픈 척 엄살을 떨어서 선생님을 만족시켜주었는데 경섭이는 뻣뻣하게 버티거나 오히려 나를 넘기려고 반격을 가하기도 했던 것 같다. 어쨌든 석구는 경섭이가 나

에게 버릇없이 노는 게 못마땅해서 오래도록 벼르던 참이었나 보다. 끝종이 울리자마자 학부형 면담을 위해 바삐 뒷문으로 나가려는 중이었다.

"팔씨름해요."

허리띠를 잡는 것이다. 나는 바쁜 걸음으로 그냥 머리를 '툭' 쥐어박고 급히 뛰쳐나왔을 뿐이다. 누군가가 내 등을 툭 쳤다는 감각을 막연하게 느끼기도 했지만 마음이 급해 종종걸음으로 계단을 내려왔다. 막상 교무실에 왔을 때 만나기로 한 학부형이 오지 않는다. 망연자실 교문 쪽만 바라보다가 초겨울 하늘이 새파랗게 걸려 있어서 잠깐 가슴에 담아보려는 중이다.

바로 그때 키다리 중딩 두 명이 처녀 교사 김 선생한테 끌려 교무실로 내려온 것이다. 석구는 이마가 부었고 경섭이는 광대뼈가 시퍼렇게 멍들었다. 김 선생이 찢겨진 옷깃을 여며주며 카랑카랑 소리 지른다(아, 착한 여선생은 저렇게 소리를 빽빽 지르는 순간에도 단추를 매어주고 먼지도 털어주는구나).

"왜 싸웠어?"

"얘가 먼저 때렸어요."

경섭이가 억울하다는 듯이 퍼렇게 멍든 광대뼈를 비비지만 얼굴엔 민망함이 가득하다.

"너는 왜 경섭이를 때렸니? 이유도 없이."

"얘가 강병철 선생님을 때렸기 때문에 참을 수가 없었어요."

앗! 갑자기 웬 내 이름.

불길한 느낌으로 고개를 들자 교무실의 선생님들도 '뭐여?' 하는 표정을 지으며 책꽂이 너머로 '방망이 두더지'처럼 고개를 쏙쏙 내민다. 창밖으로 이파리 죄다 떨어진 은행나무 맨살이 눈에 들어왔을 그즈음이다.

"네가 강병철 선생님을 먼저 두들겨 팼다구?"

"강병철 선생님이 먼저 나를 때리고 도망쳤단 말예요. 심풀."

고요하던 교무실에서 장작 빠개지는 폭소가 터지는데, 나 혼자 눈시울이 시큰했다. '내가 언제 도망갔어. 삼 색갸.'라고 말해야 하나, 우물쭈물하는 중이다. 배추 뿌리 뽑아낸 자리로 억새풀만 오소소 흔들리던 초겨울이다.

4장

슬픔도 힘이 된다

중간고사, 반짝 돌아온 선랑들

은행잎 물드는 늦가을.

올해는 노랗고 빨갛게 떨어지는 낙엽의 정취를 맛보지 못했다. 가을 가뭄과 일찍 찾아온 칼바람 탓으로 누리끼리한 낙엽으로 마감하는 휑해진 나목들만 헛헛하게 바라볼 뿐이다. 그렇게 학교 앞에 내렸는데, 맞은편 시내버스에서 내린 낯익은 얼굴들이 발을 쿵쿵 구르며 잰걸음이다. 더벅머리와 짧은 치마들, 얼핏 봐도 얼개가 엉성한 세미 신사 숙녀들이 아스팔트 건너편에 서서 머리카락을 우수수 떨어뜨린다. 소도시 어디쯤 취업 실습을 나갔다가 중간고사를 치르기 위해 2박 3일 특별휴가를 나온 선랑(仙郎)들이다. 솔직히 나는 현장 실습 진행과정조차 깜빡했을 정도로 나만의 일상에 치여 살았는데 그 사이에 우리 아이들은 엄청난 변화를 겪은 것이다. 눈빛엔 반가움과 감개가 덕지덕지하고.

먼저 상수다. 비식비식 고개 숙이는데 '누군가' 하고 한참을 쳐다보았다. 92킬로그램 고릴라 몸집의 거구였었는데 그 사이에 체중이 15킬로그램이 빠지는 바람에 못 알아본 것이다. 게다가 먹테 안경까지 없었으니, 두루뭉술 나무꾼 몸집이 카이스트 체질로 바뀌어버렸다.

"살 빠졌네."

"선생님도 고생 좀 해보세요."

그 뒤로 도서부 정실이가 내렸고 아직 취업 준비생인 쌍둥이 자매 은주와 정주 그리고 가출 경력 때문에 취업에 애를 먹던 애스더 선수도 의기양양 등장한다. 그 뒤로 수두룩한 고딩 무리들이 눈썹에 낙엽을 붙인 채 찬바람 헤치는 중이다. 그렇다. 사회인으로 가는 도정은 쑥스러움과 안쓰러움의 혼재다.

중학교 때의 상수는 살집만 통통했을 뿐 '가로 세로가 똑같은 꼬맹이'라서 전형적인 '빵셔틀'이었다. 이상했다. 이 자식이 틈틈이 숙제하는 걸 분명히 보았는데 숙제검사 할 때마다 걸리는 것이다. 꿀밤도 맞았고 체크도 당했다. 처음에는 그런대로 넘어갔는데 사건의 진상은 아찔했다. 아, 수길이가 상수에게 자기 숙제를 대신 시킨 것이다. 수길이가 상수 책을 빼앗아 대신 검사를 맡아도 약자는 찍소리도 못하고 대리 체벌을 감수한 것이다.

또 있다. 하루는 뒷자리에 있던 상수가 앞자리로 와서 체육복을 가져가려 한다(상수와 수길이는 맨 뒤에서 함께 앉았었음). '수업 시간에 왜 움직엿!' 꽥 소리를 지르면 잠깐 물러섰다가 잠시 후 '실미도 침투조'처럼 살금살금 기어들어온다. 나는 결국 못 본 척했다. 날씨가 추운데 아직 스팀을 틀어주지 않은 탓도 있으리라 생각했다.

그런데 이상하다. 그 체육복 윗도리를 옆자리 수길이가 입고 있는 것이다. 갸우뚱했다. 알고 보니 수업 중에 수길이가 상수에게 앞자리에서 체육복을 빌려 오라고 명령한 것이다. 그 '뚜껑 열림의 상황'과 광적인 푸닥거리는 지금도 기억하고 싶지 않다.

불과 삼 년 후 상수는 키가 훌쩍 크고 집채만 한 미륵 사내가 되어 동급생 중 어느 누구도 건드리지 못한다. 체육대회 씨름 개인전에서는 일곱 명씩이나 집어던졌다. '빵셔틀' 흔적도 나 혼자만의 기억일 뿐.

여자애들은 조금 가벼운 골탕을 먹인다

일주일 전에는 쌍둥이 자매 '정주와 은주' 중 하나가(나는 얘네들을 도저히 구분할 수가 없다),

"휴지 좀 맡아주세요. 잠시 후 찾으러 옵니다."

그러더니 '쉥' 나가버린다. '왜?'냐고 묻지 않았다. 범생이들(독서 시험 100점)이 급히 요청을 할 땐 뭔가 피치 못할 이유가 있으리라 확신했다. '언제 오려나.' 퇴근 시간까지 문을 잠그지 않았지만 온다던 낭자들은 오지 않았다. 그 후 두루마리 두어 바퀴 뚝 떼어낸 너덜너덜한 '조각 휴지'의 철통 경비에 들어갔다. 외출 시에는 반드시 열쇠를 채웠고 돌아오면 손으로 만져보면서, 무릇 물건이란 것들은 주인이 자리를 비워도 결코 움직이지 않는다는 진리도 새삼 확인했다. 다시 일주일쯤 지나서 급식실 앞에서 쌍둥이 자매를 우연히 만났다. 나는 분기탱천하여,

"휴지 왜 안 가져가?"

"무슨 말씀?"

낭자들은 '도대체 무슨 꿩 구어 먹는 소리냐'는 표정이다. 도서실에 끌고 와서 '이거 인마.' 소리 지르자 그제야 생각났다는 듯 키득키득 웃더니 코를 '팽' 풀어 쓰레기통에 집어던진다. 나의 철벽 보호막 속에서 일주일간 동거하던 휴지들은 그렇게 소명을 마쳤고.

재작년 어느 날 애스더는 뒷골이 땡긴다며 조퇴를 했다. 얼굴빛도 하얗게 바래 있었고 실제로 팔뚝에 소름이 부풀어 있어서 대전까지 나가서 충남대 병원에서 진찰을 받고 약을 타 와야 하는 상황이다. 그렇게 교문을 나서는 애스더가 영원히 돌아오지 않을 것 같아 뒷모습만 불안한 마음으로 바라봤을 뿐이다.

그날 밤 레스토랑에서 알바를 뛰던 애스더를 만났으니 반전 드라마가 따로 없다. 나는 침착하기 위해 가슴을 지그시 누른다.

"아픈 애가 왜 여기에 있니?"

애스더는 손가락을 코에 대고 '쉿' 소리를 죽이란다.

"알바는 빠지는 순간 진짜로 자르거든요."

그 후로도 오래도록 수업 시간을 수면 시간으로 바꾸려는 애스더류와 좌충우돌했다. 이럴 때 김상용 시인의 '왜 사냐면 그냥 웃지요'를 떠올려도 괜찮은 것일까. 소심증 스승은 해학적 비장미로 정리할 여유가 없다.

내 사무실에는 지금까지 다섯 달째 신문지 뭉치가 쌓여 있다. 어느 날 도서부 정실이가 슬그머니 문을 열기에,

"뭐냐?"

"신문이요."

"왜?"

"……선생님 심심할 때 보시라고요."

"땡큐."

그땐 너무 바빠서 고개도 돌리지 않았다. 나간 뒤에 보니 족히 4~5개월은 지난 신문들이다. 헌 신문지를 급하게 치우려고 내 집무실에 쑤셔 넣는 순발력을 발휘한 것이다. 더러는 쥐 오줌 자국이 누렇게 번져 있어서 정겹기도 한 종이 더미가 그 후로도 오래도록 세월의 먼지를 수북하게 먹고 있는 중이다. 덕분에 지난 5월 노무현 대통령 서거 1주년 추도식 기사도 다시 읽었고 '민주노동당 당비를 내었다 하여 철퇴를 맞은 전교조 선생님의 무더기 징계를 철회하라'는 경향신문 사설도 새롭게 독파할 수 있었다. 묵은 신문,

쌓인 사연도 들출 때마다 새롭게 가슴을 찌르는 것이다.

어쨌든 대학에 가려는 벗들을 제외하면 이제 모두 현장에 몸을 담을 것이다. 상수와 애스더, 정주와 은주 쌍둥이 자매와 착한 소녀 하은이도 노동 현장에서 만들고 조여야 한다. 더러는 방향을 바꿔 요리사나 미용사가 되어 잠시 후 가정을 이루고 적금도 붓게 되리라.

그런데 눈만 감으면 다른 장면이 펼쳐지기도 한다. 노동 현장을 떠난 제자들의 목을 조이는 가위눌림의 정체는 과연 무엇인가. 자꾸만 예전의 '원풍 모방'이나 작금의 '동일 방직' 그리고 '동의 오토'나 '쌍용 자동차'가 떠오르는 것이 제발 소심증 교사의 자학이길 간절히 기도한다. 그 노동의 현장으로 아이들을 보내는 교사의 마음은 '기대 반 우려 반'이다.

기륭전자가 1,895일 만에 노사 합의를 이끌어내었다. 2012년까지 해고자 10명의 복직과 노조의 농성 집회 해산을 바꾼 게 합의점이다. 그 쉬운 결말을 위해 5년이 넘는 세월을 포크레인 농성과 연행과 단식을 거듭하며 싸웠으니, 1,895일이란 숫자 개념이 구체성의 절박함을 얼마나 약화시키는가.

논객들은 '그러니까 처음부터 한 발자국씩 양보했어야 한다고 말을 하지만(그나마 양심적인 신문에서) 그건 새빨간 거짓말이다. 한 발자국만 뒷걸음치면 벼랑 끝이니, 외나무다리에 서보지 않은 자는 함부로 타협을 말하지 말라. 구경꾼 논객과 삶의 현장은 하늘과

땅 차이의 간극을 어떻게 실감할 것인가. 막다른 골목에 몰린 초식동물 역시 맹수 떼의 발톱에 비장함으로 맞서야 할 때가 분명히 있는 것이다. 그러니까 김소연 분회장은 전태일이다.

그러거나 말거나 벗들은 아직 살얼음판 현장을 실감하지 못한다. 지금은 떠나면서 던진 상수의 한마디를 되새김질 중이다.

"선생님 제가 없으니까 교실이 편안해지겠죠?"

"만나면 열 받지만 막상 안 보면 보고 싶긴 해."

그러면서 사라지는 뒷모습을 향해 소리 없이 고백한다.

'미안하다. 사랑한다.'

학교는 그렇게 스핑크스도 만나게 하고 대제학과 집시와 유목민들을 연결해준다.

슬픔도 힘이 된다

먼저 촛불이다.

2008년의 시작은 여고생 부대의 '밥 좀 먹자, 잠 좀 자자.'라는 '아픈 사연 튀는 문장' 슬로건부터였다. 토론장 저쪽에선 기타 소리, 유모차 행진, 스포츠 댄스와 촛불 행진이 범벅되어 집회와 놀이의 합종으로 파도처럼 출렁거렸다. '70-80'의 굳은 비장함과는 달리 밝고 명랑한 마당잔치로 만감을 교차시켰다. 일회용 종이컵들이 일제히 대오를 맞추어 촛불들의 바람을 막아주면서 '껍데기와 알맹이의 행복한 만남'을 만들기도 했다.

다음으로 올림픽이다.

보수와 진보가 '적과의 동침'처럼 하나 되어 박수쳤다. 박태환의 수영과 장미란의 역도 금메달 그리고 쇠붙이의 종류는 다르지만

196

핸드볼 노장과 '우생순'의 동메달이 브라운관을 열광시켰던 것 같다. 수영 7관왕 마이클 펠프스나 자메이카의 인간탄환 우사인 볼트를 보면서 '강한 몸의 가치'도 새롭게 실감했다.

또 있다. 시련을 헤치며 동참하는 '의지의 몸'들이다. 소말리아의 요마르 선수는 이슬람 민병대를 피해 탈출하듯 200미터에 참가하여 '행복한 꼴찌의 환호성'을 질렀다. 바레인 단거리 여자 선수는 히잡과 추리닝으로 맨살을 감춘 채 야생마처럼 치달렸고, 남아프리카 공화국의 나탈리 디 투아는 절단된 외다리로 10킬로미터 수영을 주파하여 19위를 기록했다. 그러나 그 올림픽 팡파르 속으로 정작 함께 나누어야 할 이 땅의 아픈 사연들이 장막으로 가려지기도 했으니.

그보다 아픈 것은 같은 시각 비정규직의 눈물겨운 절규가 그것이다

평범한 민초들이 밥그릇을 빼앗기면서 질긴 머리띠 행렬의 스크럼을 만들었다. 3년 투쟁의 장도에 선 KTX 여승무원들의 메아리가 쩌렁쩌렁 옆구리를 찌르더니 마침내 절반의 승리로 마침표를 찍을 듯하다. 기륭전자 1,000일 투쟁과 60여 일의 목숨 건 단식은 '처절함'이란 낱말조차 모욕스럽다. 그렇듯 '박봉의 일터'로 돌아가려는 아픈 외침이 국민소득 2만 불 시대의 명암이지만 무수한 사연들은 그렇게 장막에 가려져 있다. 그 장벽의 간극을 메우는 점액

질을 떠올리며 신발 끈을 조인다. 어느새 교단생활 스물다섯 해(해직 교사 시절을 합치면 스물아홉 해) 그렇듯 올해도 무수한 사태들이 노랗고 파랗게 피어올랐다.

'전교조에 휘둘리면 교육이 망합니다.'

그 어리둥절한 현수막 제작 팀이 박빙의 차로 서울시 교육계 수장으로 입성하면서 착한 스승 목 조이는 사태가 더욱 급물살을 탔다. 급기야 뉴라이트 등의 보수단체에서 전교조를 파렴치 집단으로 만든 후 전교조 교사 명단을 공개하겠다며 황당 카드를 내밀었다. 전교조 교사가 많은 학교와 그렇지 않은 학교의 아이들 성적을 공개하겠다는 것이다(솔직히 진짜 누가 이기나 해보고 싶은 대목이다). 그들은 전교조와 싸우는 게 아니라 그들이 규정한 '전교조라는 유령'을 향해 맹렬 헛발질 중이다.

단순 무식파들은 모든 확신을 공격성으로 규정하고 싶어 한다. 토씨나 글자 몇 자로 새싹들의 사고를 바꾸겠다는 것일까. 4·19는 '데모'가 되었고 멀쩡한 역사 교과서가 저자의 동의 없이 내용이 바뀌는 시대가 되었다. 이 말은 선동이고 저 말은 배후 조종이며 이렇게 하면 좌편향이란다.

'설마' 하던 소심증들이 현실로 재생되기 시작했다.

12월 10일 초등학교 6학년 일제고사를 계기로 쌍팔년도식 무작위 징계가 소나기처럼 쏟아진 것이다. 정상용 선생님, 최혜원 선생님, 박수영 선생님, 송용운 선생님, 설은주 선생님, 김윤주 선생님, 윤여강 선생님이 그 이름자다(앞으로도 이들의 이름자는 뒤에 반드시 '선생님' 자를 붙일 것이다). 교단의 일급수 열목어들이 저수지 바깥으로 하나씩 내동댕이쳐졌다. 스물여섯 최혜원 선생님부터 지천명의 윤여강 선생님까지 세대를 불문하고 파면·해임 통지서를 받게 되었다. 송용운 선생님은 89년 이후 두 번째 해직의 길을 걸어야 하니 그 길이 너무 지난하다. 오마이뉴스에선, 해직과 석별 그리고 출근 투쟁의 화면을 톱밥처럼 쏟아내었다.

먼저 쫓겨난 선생님이 아이들과 마지막 작별을 나누는 장면이다. 기자들이 '생이별의 교실'에 카메라를 디밀자,

"안 돼요? 아이들에게도 초상권이 있습니다."

막아서는 교육 관료의 쓸쓸한 스냅도 등장한다. 이번에는,

"민간인 신분인데 수업을 하려네요."

어제부로 해임되었으니 오늘의 마지막 수업은 민간인의 무단 방문이란 얘기다. 그 소리로 가슴에 못이 박힌 김윤주 선생님의 스크린이 나타나자 세상의 물상들이 잠시 움직임을 멈췄다.

보수 언론은 정상용 선생님을 타깃으로 겨누었다. '남의 자식을 팽개치고 자기 자식만 시험을 치르게 했다.'는 마녀사냥의 순발력이다. 선생님의 딸은, 학교에서 담임선생님으로부터 일제고사 선택에 대하여 들은 바가 없고, 혼자만 빠지는 것이 부담스러워 시험을

보았다고 분명하게 설명한 장면은 전혀 의미가 없다. 학생들 하나하나에게 선택권을 주었다는 엄연한 사실은 '나쁜 펜' 집단에선 절대로 통하지 않는다.

마지막 출근길, 아이들과의 짧은 만남을 가진 설은주 선생님이 동료 교사와 함께 눈물을 흘린다. 옆자리 두 명의 여교사는 쫓겨난 선생님을 부축하느라 정작 즈이 볼에 흐르는 눈물을 닦지도 못한다. 베르톨트 브레히트의 '살아남은 자의 슬픔'이란 글귀가 겹치면시 스크럼의 눈동자에서 이슬이 쏟아져 흐른다.

"얘들아, 나라에서 선생님과 너희들을 분리하라 하거든."

안절부절못하는 관료의 목소리에 달그락달그락 밥고리 잡는 소리가 들린다. 동 직원끼리의 민망사태를 넘기며 다시 마우스를 누른다.

이번에는 닫힌 교문 앞에서 또 다른 관료와 대치해 있는 정상용 선생님의 사진이다. 그니의 굳은 표정 앞에 마스크를 쓴 채 마주 서서 교문을 지키는 관료의 굳은 표정 앞에서는 찬바람도 안타까워 옷깃을 여민다. 시퍼런 하늘이 철대문 쇠침 흔들며 쩌렁쩌렁 호통을 치는데, 나는 그 비탈길에서 어떤 숨결을 모아주어야 할까.

다시 5공화국 청년 교사 시절의 스크린이 겹쳐진다

낭만주의자 청년이었던 새내기 시절 이야기다. 칠판은 밥과 술을 주었고 우렁각시처럼 날마다 뒤를 보살펴주었던가. '선생님'이라는 이름이 좋아서 나는 단지 소박한 글쟁이 교사로 정년퇴임까지 칠판 앞에 서겠다는 그런 꿈을 꾸었었다. 그랬나. 사내아이 계집아이 마주 선 그 자리에서 오그르르 옛날 얘기에 빠진 늙은 교사의 파안대소 풍경으로 마침표를 찍겠다고 결심했었다.

소녀들은 기대 이상으로 따라주었고 나는 쨍그랑쨍그랑 유리알 깨지는 소리에 취해 날마다 행복했다. 시국은 흉흉했지만 그때까지는 그런 여파가 전혀 실감 나지 않았다. 활자판에 터지는 시국 사건들을 수시로 접하면서,

'어쭈구리 또 한 건 엮네.'

하는 정도였다. 그런 남의 일들이 느닷없이 내 발목을 잡을 줄은 전혀 예측하지 못했다. 어느 날 내 이름을 TV에서 먼저 보았다. 내 이름자 밑으로 빨간 사인펜이 죽죽 그어지는 것이다.

그 홍두깨 필화 사건으로 몇몇은 구속되었고 몇몇은 수배 중이라는 속보였는데, 내 이름자가 후자에 섞여 있었다. 기실 해직 사유도 대단한 게 아니었다. 당시에 흔히 있었던 '사립학교 교사 채용과 기부금'을 주제로 한 단편소설 80매였다. 어쨌든 나도 피해야 했다. 해직 동지 황재학과 함께 청주의 벗 신동준네서 하룻밤을 잤고 이튿날은 벗 김응각과 김홍성에게 술투정을 부리다가 여관방에서 쓰러졌다.

사흘째 신새벽, 틈입자들에게 끌려갔다. 소설의 내용이 허위 사실 유포로 규정되었고 그래서 나라를 혼란스럽게 하여 적을 이롭

게 하는 '이적행위'라는 도표를 그렸다. 풀려난 뒤에도 그네들은 충성 오버를 시도했다. 내가 쫓겨났던 그 소도시에 나타나는 것조차 경계했다. 발자국도 선동이요 뒷모습 그림자도 선동이란다. 나를 찾아온 학생들이 이튿날 또 야단을 맞았다는 소식을 들으며 '가슴이 아프다'라는 문구가 '마음의 표현'이 아니라 '육체적 고통'이라는 사실을 선명하게 확인해야 했다.

2008년 겨울의 일제고사 해직 선생님처럼,

"얘들아, 선생님이 다시 학교로 돌아올게."

라고 말하지 못하고, 그때 나는,

"얘들아, 나는 너희들 옆으로 가고 싶은데 갈 수가 없구나."

그렇게 말해서 소녀들을 더 아프게 했다. 그러나 마지막이 되어서는 절대로 안 되는 일이기에 현관문 나설 때마다 '다시 의자를 되찾겠다.'며 허리띠를 조여 매었다. 괜찮다. 일하면서 멍든 발등은 아프지 않다. 슬픔도 서로 기대면 더 큰 힘이 된다. 그릇된 가르침은 사람을 부려 먹는 데만 몰두하지만 바른 가르침끼리 힘을 모아가며 세상을 섬기며 살아가게 할 것이다.

그리고 강산이 두어 번 바뀌었다

여전히 평교사로 남은 그 사내는 게시판에 못질하다가 허리가 아파 잠깐 숨을 고른다. 독수리 타법으로 자판을 두드리는 그니의 머리칼에 서리가 하얗게 내렸고 듬성듬성 속알머리도 보인다. 그렇게 오늘도 슬리퍼 굽을 치며 교실을 연다.

이제 칠판 앞에 서도 예전처럼 설레지 않는다. 그냥 쳐다만 봐도
예쁜 꾸러기들이 큰아버지 같은 국어 선생 머리 꼭대기에 널따란
놀이터를 만든다. 국어책 뒤에 숨어 온갖 부스러기 깨물다가 스트
레스 풀듯 한마디 던진다.

"선생님은 왜 교장 선생님이 못 되셨죠?"

"시간이 가면 그냥 자동빵으로 되는 줄 알았겠지. 아싸―."

눈퉁이에 반창고를 붙인 이놈은 '누님 같은 꽃'이 된 옛 제자의
아들이다. 나는 사춘기 머리를 일부러 벅벅 소리 나게 긁어주며 시
치미 뗀다.

"얘들아, 공부해서 남 주자."

"싫유. 내가 가질 튜."

"혼자 가져도 좋으니 열심히나 해라."

"터미널까지 와서 공붑니까? 또 잔소리."

소도시 터미널, 시내버스를 기다리는 사이 또 아이들이 몰려온
다. 꽃샘바람에 어깨를 움츠리던 단발머리 소녀들 오그르르 몰려
와 꾸벅 고개 숙인다.

"오늘도 차 읎슈? 마누라한테 빼앗겼나?"

"송경섭 쌤한테 태워달라고 부탁하시징. 혹시 왕따?"

"11번 버스 단골짱 홧팅."

전봇대 뒤로 숨으려던 장년의 평교사는 자르르 쏟아지는 소녀

들의 머리칼에 잠깐 황홀감에 젖는다. 담배 한 대 피우고 싶지만 아이들이 달라붙을까 봐 참는 중이다. 나는 그렇듯 초월자와 소시민 사이를 시계추처럼 오가는데,

"엄마 아빠가 매일 싸워요. 요샌 아예 말도 안 해요."

"얌마, 우리 아빤 엄마가 늦게 일어난다고 주전자를 집어던졌어."

"쨔샤, 우리 집은 엄마 아빠가 아예 없어. 헤어졌거덩."

그렇게 전봇대 뒤로 까르르 사라진다. 십이월 퇴근길이 순식간에 어두워지면서 전신주 그림자까지 덮어버렸다. '요즘 애들은 참.' 그런 혀를 내두르는 푸념은 예나 지금이나 마찬가지다. 이집트의 피라미드에도 '요즘 애들은 예전과 다르더라'는 문구가 적혀 있지 않던가.

그러면서 자꾸 눈시울이 젖는 그 이유를 나는 잘 알고 있다. 난롯가에서 '해직 교사들의 못다 한 이야기꽃' 화사하게 피우고 싶은데 공문서에 쫓기는 학교는 '먼 바다 외로운 섬'처럼 묵묵부답이다.

노래와 함께 가다

"춘자 이모다."

학교 가는 길목에서 병옥이 누나가 아리랑 사진관을 가리킨다. 신작로 유리창 한가운데 커다랗게 걸린 이모의 얼굴이 함박웃음을 짓고 있는 중이다. 신기하고 자랑스러웠다. 춘자 이모(지금은 72세)의 처녀 시절, 그미의 얼굴이 백합처럼 화사했었다고, 아들딸들에게 재탕 삼탕 자랑하는 그 부분은 분명히 사실이다. 하여, 신작로 대머리 사진사가 필름을 커다랗게 확대해서 유리창 안쪽에 들어앉히는 바람에, 뽀얀 피부와 먹머루 눈빛 그리고 살살이꽃 해맑은 웃음이 붙박이로 걸려 있었던가. 우리는 등굣길마다 이모의 사진을 한참 동안 기웃거리다가, 수업 종소리에 화들짝 놀라 책보를 당기곤 했다.

그 이모가 서울로 시집을 가서 돈암동 산중턱에서 단칸방 셋방살이 할 즈음이다. 고등학생인 나는 오드리 헵번을 닮은 외사촌 여동생 영현이와 돈암동 비탈 집을 방문했었다. 오르막 계단 숫자가 높아질수록 집들의 규모가 퍽퍽 쫄아들었던가. 중턱에서도 한참 더 올라가 쪽문을 열면 서울 시내 야경이 울긋불긋 드러나는 언덕바지 루핑 집이었다.

네 살배기 조카 병필이가 유행가를 부르는 중이었다. 사춘기들이 심야방송 청취 포즈로 듣던 포크송 어니언스의 「저 별과 달을」이 아기 티를 벗어나지 못한 꼬맹이의 입술에서 흘러나오는 것이다.

'어두—운 밤 구름 위에— 저—달이 뜨면 괜시리 날 찾아와 울리고 가나.'

젖살을 갓 벗어난 어린애가 그 달동네 단칸방 밥상 위에 올라가 울멍울멍 입술을 움직인다. 마지막 가사를 마칠 때쯤 산동네 전깃불까지 일제히 소리를 죽였다. 깊은 밤, 웬 슬픈 이별이 네 살 꼬맹이에게 찾아와 가슴을 울리고 사라진다는 것인가. 별빛 한 자락까지 사람들의 체온과 연결되어 있음을 감지하며 눈시울이 시큰거리던, 꼬맹이의 밥상 무대 풍경이 흑백 필름으로 간직되었다가 이따금씩 떠오르곤 했다.

그 후 아주 가끔 집안 행사 때나 스쳐 갔을 뿐이다. 기십 년 지나 40대 중반, 화이트칼라가 된 그니에게 어니언스의 그 노래를 아냐고 묻자, 어리둥절 도리질 친다. 달동네 그 짙은 영상 한 컷은 사춘기 소년의 추억일 뿐, 젖살 꼬맹이 가수였던, 486 그니는 아예 하얗게 지워진 기억이다. 노래들은 그렇게 순식간에 등장해서 밀쩡한 가슴 후비다가 단칼에 잊히기도 한다.

중1 음악 시험

원효로 자취방에서 나는 열심히 실기평가 대비 노래를 불렀고 여고생인 누나가 침착하게 교정을 봐주었다. 노래는 체질적으로 싫어했지만 반드시 통과해야 했다. 다혈질 음악님은 '스승의 노래'를 가르치다가도 싸대기를 날렸으므로, 매를 피하기 위해 집중 연습을 할 수밖에 없었다. 누나는 몇 가지 주문을 했다. 먼저 혀를 배배 꼬지 말고 발음을 정확히 하라고 했다. 클래식은 유행가와 다르므로 콧소리를 넣으면 천박해진다는 것이다. 다음으로 높낮이와 쉼표의 위치만 제대로 맞추면 최소한 중상위권에 진입할 수 있다고 했다. 마지막으로 자신감을 가져야 제대로 실력 발휘를 한다고 했으나, 그건 불가능했다.

'성문 앞 우물곁에 서 있는 보리수 나는 그 그늘 아래 단꿈을 보았네.'

어쨌든 열공을 드린 탓인지 생전 처음 '우'를 맞았다. 폭군형 음악님이 '노력을 많이 했구나.'라고 머리를 쓰다듬어서 눈물 시리던 기억이다. 그 후 마음이 우울할 때면 보리수를 부르기도 했다.

'가지에 희망의 말 새겨놓고서 기쁠 때나 슬플 때나 찾아온 나

열네 살. 나는 서울 중동중학교 야간부에 다니고 있었고 변무성은 서산중학생이었다. 사진사는, 졸업하자마자 취평리 아리랑 사진관에 자리 잡은 동창생 이광식인데 카메라를 메고 면사무소에 데리고 가서 두 장을 찍어주었다. 컴컴한 커튼 속 인화실에 데리고 가더니 필름을 보여주며, "이게 무생이, 이게 병철이." 흐뭇하게 가르쳐주던 기억도 아득하다. 나는 그때까지 사춘기에 입문하지 못했었다. 어쩌면 영원히 키가 정지할지 모른다며 불안에 떨기도 했다.

무 밑.'

　노래는 부은 가슴 식혀주는 그늘이 되기도 하면서, 나도 슬플 때 찾아갈 수 있는 나무를 점찍고도 싶었다. 자취방 거울 앞에서 슬픈 표정을 지으며 아주 열심히 보리수를 불렀고, 더러는 안식을 찾겠노라 가부좌 자세로 눈을 감았다. 물리적 어둠은 총구처럼 무서웠지만, 스스로 눈 감은 어둠은 아랫목 안식으로 느껴지기도 했다. 등굣길, 만원버스에 매달린 채 그 노래를 끝까지 불러보면서 그렇게 사춘기 입문 중이었다.

'그 보리수 곁으로 깜깜한 어둠 속에 눈 감아보았네.'처럼.

대학 시절

나의 목청은 그럭저럭 '울림 새청'까지 낼 수 있지만 원초적으로 곡을 못 맞추는 모태 음치였다. 그래도 실력과 무관하게 용감무쌍했다. 노래를 부를 때마다 친구들이 입을 틀어막고, '그만, 그만, 살려줘. 제발.' '차라리 매를 맞는 게 낫겠다.'면서 바짓가랑이를 잡아당겼지만, 나는 굽히지 않았다. 악을 쓰고 노래를 불렀고, 그래서일까, 시나브로 노래 실력이 쬐금씩 늘기도 했다.

그리고 개성을 보이고 싶었다. 일단 친구들이 모르는 노래를 찾아냈다. 팝송 「Beautiful Sunday」나 「Take Me Home Country Road」를 불러서 지방 고교 출신 친구들과 차별화를 보여주려고 했다. 혼자 있을 때는 뽕짝보다는 김정호, 송창식, 양희은의 노래를 익히면서 고상한 이미지를 보이려고 했었고.

짝사랑 생머리 소녀 때문에 짧게 가슴을 앓기도 했다.

채플 시간에 합창단으로 찬송가 부르는 무대 위에 여자의 눈빛이 슬프게 투영되는 것이다. 그리고 무대 아래의 우리들은 합창단원들을 마음껏 쳐다볼 수 있는 공간이 부여되어 있으므로 초점이 모아질수록 정도가 깊어지기도 했다. 한마디 말도 붙이지 못했고 아무에게도 속살을 내비치지 않았으므로 당연히 아무 일도 없

김현식 선생님. 보이지 않는 자리에서 벗들을 지켜줬다. 숨어 있는 사내지만 그가 노래를 부르면 화면 속의 아이들까지 눈시울 적신다. 가까운 벗들은 그렇게 헤어지자마자 보고 싶어진다.

었다. 그저, 어느 봄밤 대전역 육교 밑에서 서로 끌어안은 채 '행복에 젖은 사내아이 계집아이 한 쌍'을 보며 우울했을 뿐이다. 술떡이 되어 들어온 홍도동 자취방에서 라디오를 켰을 때 은희의 「등대지기」가 흘러나오고 있었다.

'생각하라 저 등대를 지키는 사─ 람의 거룩하고 아름다운 사랑의 노래를.'

짝사랑은 반드시 아름다워야 한다고 규정했다. 그런데 눈을 감으면 천장으로 꽁꽁 얼어붙은 겨울바다가 펼쳐지는 것이다. 얼음 파도가 조각조각 바위를 때리면 나 혼자 등대지기의 슬픈 눈동자를 새기면서 잠이 들었던가. 그리고 세월이 흘렀고 생머리 여자들은 대개 나보다 몇 살 더 먹은 사내를 찾아 드레스 둥지를 틀었고, 지금은 모두 오래된 얘기가 되었다.

운동권 노래는 청년 시절에 만났다

기우는 젊음의 어느 날 만난 '연필로 그린 예수' 탓이다. 십자가에 박힌 엄숙한 표정이 아니라 낄낄대거나 노발대발하는 민초의 표정으로 나타난 것이다. 그때부터 시국과 역사의 문장들이 가슴을 후비기 시작했다. 세상은 '참과 거짓'으로 이분되어 있으며 '지배와 억압'의 구도가 있음을 깨달으며 눈의 잣대가 바뀌었다. 시국의 홍두깨를 맞고 담장 밖에 뒹굴면서 더 리얼해졌다. 김지하의 「새」나 신경림의 「돌아가리라」 김남주의 「노래」를 아픈 가슴으로 불렀다.

'타는 들녘 어둠을 살아 예는 들불이 되자 하네. 다시 한 번 이 고을은 반란이 되자 하네.'를 부를 때는 질곡에 덮이기도 했다. 발등에 고인 눈물을 자양분 삼아 녹두꽃도 피울 수 있고, 아랫녘 윗녘 날개 치는 파랑새도 될 수 있었으나, 마지막 구절 청송녹죽 가슴에 꽂히는 죽창이 될 자신이 없는 것이다. 그래서 김지하의, 「푸른 하늘과 흰 구름」이 가슴을 후비는 이유를 리얼하게 체득할 수 있었다. 남몰래 흐느끼며 '민주주의여 만세'를 새기는 내 체질은 아마도 실천적 투사보다는 감성적 민초였던 것 같다. 그저 신경림의 노랫말처럼, '찔레꽃이 피거나 새우젓 배 오기 전에' 망망벌판으로 뛰어가고 싶은 것이다.

어느 날인가, 오랜만에 수업 시간에 「솔아 솔아 푸르른 솔아」를 가르쳐주었다. 이제는 분필로 칠판에 적을 필요도 없이 컴퓨터 영상에 타탁 글자를 치면 자동으로 노래가 흘러나오는 시대다. 아이들은 처음에는 그냥 키득대려다가 점차 표정이 진지해지더니 하나씩 하나씩 따라 부르다가, 나중에는 아예 물아 합체가 되어버렸다. 그래서일까, 창밖 봄비가 수정과처럼 쏟아지며 사각사각 가슴을 식혀주었고.

아내가 운전을 하고(나는 무면허다) 아들과 딸이 뒷좌석에서 노래를 부르던 중년의 여행길이다. 내 나이 사십 이전이었고, 남매는 세 살 터울이니 대략 일곱 살과 네 살이었던 것 같다. 아들놈은 유치원에서 배운 실력으로 '산토끼'건 '옹달샘'이건 '시계는 아침부터 똑딱똑딱'이건 다양한 동요를 쏟아내었으나, 그보다 세 살 어린 딸은,

"시소 시이소 올라가면 푸른 하늘 내려오면 꽃동산, 재미있는 시소."

안쓰럽게도 그 전문만 반복하는 것이다. 그런데 이상하다. 딸이 입술을 움직일 때마다 노랫말이 그림처럼 번쩍번쩍 솟구치는 것이다. 문장의 입체화랄까. 아이를 태운 시소가 비행기 활주로에 착륙하면 꽃동산에서 대기 중이던 온갖 벌레와 새들이 우수수 소란을

아홉 살 주현이. 어린 시절부터 함께 집회에 참석하는 게 행복이었다. 소도시 시민단체 회원들이 가끔 어린이 율동을 시키면 발칙한 신바람으로 몸을 흔들었다. 그때의 꾸러기들이 이제는 나무꾼 채비로 지게목발 두들기는 중이다.

피우고 있었다. 다시 하늘 높이 시소가 솟구치면 기러기 떼가 푸른 하늘을 뚫고 우우우 자유의 날갯짓을 파닥거리는 것이다. 딸의 얼굴이 뭉게구름에 파묻히면서 까르르 유리알 깨지는 웃음을 터뜨리기도 했던가. 쳐다만 봐도 단꿀이 흐르던 시절이었으니 가족 울타리로선 가장 행복한 세월이었던 것 같다.

　세월이 흘렀고 내 아이들이 크면서 '등 푸른 청춘'이 되었고 나는 초로의 문턱을 넘지 않으려고 안간힘이다. 몸은 오래된 목관처럼 빛바랜 색깔을 닮아가는데, 지금도 가끔 사월의 봄바람 속에서 「시소」라는 동요가 쟁쟁 울려 퍼지다니.

우연히 리모컨을 눌렀다가 KBS의 '승승장구'란 프로그램에서, 오랜만에 그야말로 '비련의 가수 심수봉'이 출연하는 바람에 집중하게 되었다.

"병풍 뒤에서 노래를 불렀다는데 맞나요?"

"말도 안 되는 소리입니다."

유신의 끝.

10·26사태 그 현장의 기억은 아직도 떠올리기조차 고통스러운데 모멸스러운 유언비어까지 재생시킨다. 그래도 비교적 침착했다. 그미는 궁정동 그 사건 직후 정신병동에 끌려가 한동안 격리되었노라고 충격 실토를 했다. 정신병동에서 네 명이 달라붙어 자신에게 강제로 알 수 없는 주사액을 투여하는 바람에, 나중에는 약물 없이는 잠을 이룰 수 없는 '척추 약물 중독증'에 걸렸다고 했다. 남편이 옆방에서 고문당하는 소리를 듣게 만드는 지옥 시리즈를 접하면서 보면서 인간 잔혹사의 실감으로 소름이 오싹 솟기도 했다.

그 후 그미의 노래는 더 슬퍼졌다.

「미워요」, 「남자는 배 여자는 항구」, 「사랑밖에 난 몰라」를 쏟아내면 온몸의 힘이 쫘악 소진되는 것이다. 그러나 나에겐,

'사랑보다 더 슬픈 건 정이라며 고개를 떨구던 그때 그 사람.'

그 문장이 가장 아프다. 떠난 사람 못 잊어서 울던 문장이 화면으로 재현되면서 가슴을 찌르는 것이다. 나 역시 뚜렷하게 사랑하는 사람은 없었으나 사랑의 노래를 아주 센티하게 불러대곤 했던

것 같다. 감성적 관념은 그렇게 곡을 타고 '말없이 창백한 사내'나 '비에 젖은 여인'의 모습으로 투영되기도 한다.

마흔 살 이후 새로운 노래를 배운 기억이 없다

아이돌이나 걸그룹의 노래에 무관한 것은 보수적인 체질성 탓이 아니라 무감성 때문이다. 기껏해야 노래방에서 예전에 익힌 노래만 수십 번 되풀이하는 것이다. 노래방은 무조건 크게만 불러도 어지간한 점수가 나오므로, 실력의 간극을 좁히면서 점수의 평준화를 이루게 했다. 놀이의 점수화는 못마땅한 것이지만, 어쨌든 요즘 애들은 음치가 없다.

지금 나는 노래방에 가면, 십팔번인 정태춘의 「떠나가는 배」, 송창식의 「가위 바위 보」, 조용필의 「큐」(무슨 뜻인지는 아직 모른다) 등 몇 곡만 숨긴 카드처럼 번갈아가며 내밀곤 한다. 그리고 오십 대 후반에 접어드는 즈음, 왠지 새로운 노래를 배우고 싶은 것이다. 젊은 벗들과 어깨를 두른 채 부를 수 있는 노래를 찾는 중이다.

나는 영화를 일 년에 한 번 정도 본다

첫 만남은 반공 영화이면서 전투신이 꽤 리얼한 「돌아오지 않는 해병」부터였다. 그 천막 극장은 시장 공터를 빌려 일 년에 두어 번 정도 이틀씩 상영했는데, 소문이 뜰 때마다 갯마을 처녀들의 가슴이 콩당콩당 설렜었다. 장터 소나무 꼭대기에 매달린 고성능 스피커 소리가 며칠 전부터 비탈밭 지나 소금창고 툇마루까지 왕왕 쏟아졌기 때문이다.

'문화와 예술을 사랑하는 신사 숙녀 여러분, 오늘 저녁 취평 시장에서 상영하는 돌아오지 않는 해병은 장동휘, 최무룡, 구봉서 등 스타급 배우들이 총출연하는……'

땅거미 몰려오기 전부터 빠른 저녁을 마친 젊은이들이 문화와 예술의 천막을 찾아 갯바닥 오솔길로 오그르르 걸었던 것 같다.

216

"성, 영화가 뭐댜?"

"사진이 움직이는 거여."

다섯 살 강병호는 사진이 움직인다는 설명을 도저히 이해할 수 없었다. 이번에는,

"총 맞으면 배우들이 진짜루 죽나?"

"꽁 치는 거여. 아까징끼 넣은 장난감 총으로 쏴서 가짜 피 맹그 능겨.

"빨개벗는 거는?"

"앗! 쬐끄맣게 말혀. 병태 자식. ……그건 살색 스타킹 신는 거여. 너 같으면 아무리 돈을 많이 준다구 해두 사람덜 보는 앞에서 빨 개벗겠니?"

그러나 정작 영화가 시작되면 자꾸 졸음이 쏟아졌다. 적군이 죽 으면 관객들은 일어서서 우르르 박수를 쳤고 나는 그 소리에 깨어 한동안 화면을 응시하다가 졸음을 못 이기고 잠이 들곤 했다. 영화 가 너무 길어서 돌아올 즈음 시간이 아주 많이 흘러 신새벽이라고 생각했지만 기실 오후 열 시 남짓의 시간이었다. 서낭당 고개를 넘 는 시골 처녀들은 미남 배우들 얘기로 수다 잔치를 벌여서 행복한 귀갓길이었고.

해병대 아저씨들은 대개 눈썹이 짙었고 얼굴에 흉터가 있거나 털북숭이들로 우락부락했었는데 툭하면 치고 박고 싸웠다. 더러는 술집에서 의자를 던지기도 하고 작부의 엉덩이를 더듬기도 하는

반건달 스타일이었지만 전쟁터에 나갈 때만큼은 결의에 찬 표정으로 전우애를 다졌던 것 같다. 사선을 넘어 총을 쏘았고 쓰러진 전우의 시체를 끌어안고 후엉후엉 울부짖기도 하면서.

군인들의 죽음에도 분명히 차별이 있었다. 수류탄이 터지면 엑스트라 수백여 명이 추풍낙엽처럼 쓰러졌지만 주연 배우들은 불시의 따발총 기습으로 쓰러질 때에도 오래도록 느린 화면을 보여줘서 관객들을 슬프게 했다. 아무튼 구경꾼들은 적군들이 쓰러질 때마다 기립 박수를 치면서 카타르시스를 공유했다. 특히 전우를 모두 잃고 마지막으로 혼자 살아남은 안형민이 짝사랑하던 간호장교의 마음을 열게 하고 뜨거운 포옹을 나눠서 누나들은 얼굴이 발갛게 달아올랐고.

재수생 강병철은……

'대학만 합격하면 죽어도 좋다.'며 무교동 경복학원에 다니는 중이었다. '정통종합영어'의 저자 송성문의 단과반이나 '분석물리의 완성'의 박운상이나 생물의 김주필 등 짱짱한 강사진을 자랑했다.

골목 맞은편 제일학원 1층에 '제일다방'이 있었다. 커피는 80원이고 컴프리와 홍차는 50원으로 가장 쌌다. 우리는 다방에서 가장 싼 컴프리를 시켰는데, 그날은 네 명이 들어가서 딱 두 잔만 시켰다. 그러자 인상파 레지 아가씨가 경멸스러운 표정으로,

"뭐라고요."

몇 번째 주문해도 못 들은 척 '뭐라고요'를 여러 번 반복시켜서 민망하게 만들었다. 그러더니 돌아서며,

"돈이 없다고 솔직하게 사정해야지."

울고 싶은 놈의 싸대기 찬스랄까. 재수생 강병철은 격분해서 벌떡 일어섰고 설전이 오고 갔고 여자는 더 날카롭게 쏘아붙였고 친구들이 우르르 뜯어말렸다. 순간 카운터에 앉아 있던 긴 머리 소녀가 생글생글 다가오는데 아, 눈자위로 이슬이 잘람잘람 넘치는 것이다.

"죄송합니다. 컴프리 두 잔 가져다 드리겠습니다."

짧은 폭풍이 가라앉고, 나는 탁자에서 긴 머리 소녀를 떠올리며 생전 처음 쪽지를 썼다.

어려울 때 미소를 보여주셔서 행복했습니다.
1975년 4월 14일 슬픈 재수생 올림.

다음 시간 화학 공개 특강을 듣는데, 이상하다, 화학 공식 위로 여자의 생머리가 겹치는 것이다. 두 시간 내내 칠판의 집중력과 여자의 얼굴이 치고 박고 싸웠다. 그런데 아니었다. 수업이 끝나자마자 제일다방으로 내려가자마자 환상이 빗나갔다. 긴 머리 소녀는 카운터에서 슬픈 눈빛으로 앉아 있지 않았다.

대신 웬 장발족 재수생과 팔을 비틀고 맨살을 꼬집으며 키득대

는 장면을 본 것이다. 아, 사내들이 겨드랑이 맨살을 꼬집는데도 킬킬대는 여자구나. 슬프지는 않았고 뭔가 세상을 배우는 느낌이었다. 그날 저녁 쨍그랑거리는 가슴으로 「바보들의 행진」을 보았다. 남자 주인공 중 한 명의 이름은 하필 병태다.

"병태야, 난 갈 거야."

"어디로?"

"동해 바다로."

"왜?"

"고래 잡으러."

"같이 가자."

"넌 안 돼, 공부를 해야 돼."

그리고 자전거와 함께 파도치는 절벽으로 떨어지는 것이다. 스크린의 노래는 모두 송창식이 독차지했다. 장발 단속으로 도망치는 장면에서는 「왜 불러」를, 대학 캠퍼스에서 방황할 때는 「날이 갈수록」을, 그리고 마지막으로 영철이 자전거와 함께 절벽으로 떨어질 때는 「고래 사냥」이 터져 나왔다. 그랬다. 나는 영철이처럼 '앞이 캄캄한 대학생활'도 천국처럼 아름다워 보였으므로 나도 빨리 대학에 들어가 미팅 파트너 여대생의 리포트를 대신 써주고 싶었고, 영철이처럼 비 올 때도 담배를 피울 수 있는 '우산 달린 파이프'를 만들고 싶었다.

대학 시절

대전의 명보극장과 동남극장에는 '이본 동시상영'이라는 팻말이 붙어 있었다. 요즘의 '일진'이나 '원조교제' 같은 일본식 조립 단어라는 건 알겠는데 '이본'이라는 뜻의 어원은 아직도 모른다. 어쨌든 '영화 두 편을 동시에 상영한다.'로 소문내는 싸구려 극장을 일 년에 한 번꼴 구경 갈 수밖에 없었다. 영화가 끝나고 30분 공백을 때우면 또 하나를 볼 수 있었으므로 본전을 뽑기 위해 당연히 기다려야 했다.

기실 두 극장의 사장은 같은 사람이었으니 '한솥밥 두 지붕'인 셈이었다. 그리고 첫 번째 영화와 두 번째 영화의 공백 시간은 양쪽의 극장 종업원이 자전거에 필름을 싣고 왕복 페달을 굴리는 시간이었다. 두 극장의 중간쯤인 대전역 지하도 앞에서 '배달의 기수'끼리 만나 서로 짐받이에 교환한 다음 페달을 밟아 양쪽 극장에서 재생시키는 것이다. 1년 후에는 빈 시간이 10분으로 당겨져서 객석의 지루함이 훨씬 당겨졌는데, 이유는 극장 사장님이 오토바이를 구입해서 기동력이 대폭 빨라졌기 때문이었다.

박노식이 감독 겸 주연인 「자크를 채워라」라는 도발적 제목은 '너의 입에 자크를 채워라'라는 부제가 붙어 에로가 아니라 액션임을 암시했다. '당신은 여자에게서 버림받은 경험이 있으십니까'의 원조 공주 김자옥이 한참 젊은 시절에 출연한 영화 「지붕 위의 남자」도 사랑에 민감한 젊은이들의 가슴을 울멍울멍 적셔주었던 것 같다. 그즈음 막 보급되기 시작한 TV 드라마에 위협받던 시절이라서 영화감독들은 더욱 멜로스럽고 더 진한 장면으로 차별성을 보이려 했던가. 「젊은 느티나무」, 「재혼」, 「자주 댕기」, 「울고 넘는 박달재」 등은 대개 평탄했던 부부들이 불륜의 사랑을 나누다가 울면서 결별하는 그런 내용들이었다. 아무튼 그즈음 '사랑에 속고 돈에 우는' 그런 멜로물들이 우르르 쏟아졌지만, 솔직히 내가 본 영화는 거의 없다.

행복한 총각 선생 그 학교에서

「사관과 신사」를 보게 된 것은 단체 관람 교외지도 때였는데 출장비도 쪼금 받았고 관람이 끝나고 순대와 막걸리 먹는 재미도 있었던 것 같다. 솔직히 나에게 서양 영화는 모두 재미가 없었다. 미녀들의 얼굴이 붕어 떼처럼 고만고만하게 구분할 수 없었던 게 가장 큰 이유다. 게다가 외국인 여배우들의 얼굴은 도저히 구분이 불가능하므로 줄거리를 이해하기 위해선 머리를 쥐어짜야 했다. 그러거나 말거나 문화 체험 기회가 전무했던 소도시 단발머리들은 단체 영화 관람 소문만 터지면 교실이 떠나가도록 환호성을 질렀다. 전교생이 입장하면 자리가 모자라서 늦게 온 여고생들은 계단에 앉거나 통로에 서서 비지땀을 흘리면서도 숨을 죽이며 오로지 스크린에 몰입했다.

잭을 비롯한 백인 청년들이 해군항공사관학교에 진학한 이유는

나는 여고의 총각 선생이 되어 철없이 행복했고 2년 반 뒤에 민중교육지 사건과 함께 그 학교를 쫓겨났다. 예전의 여고생들, 때까치처럼 재재거리던 그미들이 중년의 아낙이 되어 수탉처럼 구구거렸다. 제자들의 화제는 군대 간 아들 이야기가 가장 많았다.

천한 신분을 벗어나기 위해서다. 그리고 외출 시간 막사 바깥에서 '사관생도들을 통하여 가난을 벗어나려는 제지 공장 여공들'과 사랑을 나누고 적당한 시점에 이별을 통고한다. 비극도 있다. 사관생 윌리가 여공 리넷이 임신했다고 말하자 임관 2주일을 남기고 결혼을 위해 자퇴하는 장면부터 시작된다. 그러나 리넷은 장교 부인으로의 신분 상승이 목표였으므로 윌리의 자퇴 사실을 듣는 순간 임신이 거짓이었다며 청혼을 거절했고, 순수 청년 윌리는 절망 속에서 자살을 했던가. 가물가물하다.

가장 오래 남는 장면은 잔인한 교관 흑인 상사 루이스 고셋의

캐릭터이다. 그는 혹독한 훈련으로 생도들의 원망을 뒤집어쓰는 악질 선생이다. 그렇듯 악명 높은 스승도 생도들이 임관하는 순간 깍듯한 존댓말과 거수경례를 붙이며 제자들을 상급자로 대우하는 반전을 보인다(지금도 가끔 내 몸에 부사관 폴리의 모습을 오버랩시키며 제자들에게 경례하는 꿈을 꾸다가 화들짝 깨어나곤 한다).

화면이 꺼지고 출구로 나오는데 보리이삭 여고생들이 즈이끼리 키득거리다 일부러 나보고 들으라는 듯,

"사랑하면 옷을 벗어도 되는 건가 보다. 크크크."

총각 선생은 그미들보다 얼굴이 더 빨개진 채 슬며시 돌아섰던가.

기우는 젊음의 해직 교사 강 선생은……

여자를 만나러 봉천동에서 안산행 버스를 타기도 했다. 대학을 졸업하고 교사 발령을 못 받은 그미는 안산 공단에서 장갑 공장에 다니고 있었다(국립 사대 출신인 아내 박명순은 아내는 5공화국 시절 무기정학을 두 번 받았고 시위 전력자 발령 보류를 받아 오랫동안 교직 바깥을 맴돌았다). 나는 방이 없어서 동가식서가숙 중이었고 주머니에 해장국 값이 없어서 서너 정거장씩 걸어 다니는 긴축 재정을 하고 있었다. 어쨌든 우리는 연인답게 극장을 찾았고 「기쁜 우리 젊은 날」을 보면서 청순가련형 남자 안성기라는 배우 이름을 처음으로 외웠다. 기실 해직 교사와 장갑 공장 여공 연인은 해장국 한 그릇 값도 계산기 두드리며 먹던 즈음이었고.

영민(안성기)은 예쁜 처녀 혜린(황신혜)을 짝사랑하지만 말 한마디 붙이지 못한 채 그녀의 결혼식 장면만 아프게 바라보았던가. 그러다가 그녀가 결혼에 실패하고, 미국에서 돌아오자 그때부터 더욱 애가 달아 아주 오랜 정성을 들여 짝사랑 구애를 연습한다. 그는 혼자 거울을 보며 사랑 고백의 스냅을 반복했지만 번번이 코앞에서 실패한다. 놀이터에서 그네를 타며 아버지 최불암에게,

"아버지는 어떤 연애 기술로 어머니를 시집오게 하셨어요."

엉엉 울 때, 나는 함께 온 여자 몰래 펑펑 흐르는 눈물을 닦았다. 아무튼 진드기처럼 빙빙 도는 숫총각 안성기에게 우여곡절 끝에 시간을 허락하는 순간이 생겼는데, 여자가 오히려 느긋하게,

"제가 어디가 그렇게 좋으세요?"

"전부 다요."

"우리가 좀 더 일찍 만났더라면 어땠을까요?"

그런 도도한 질문에도 지성을 다하여 대답해주는 순백의 멜로에 폭신 빠져버렸다. 그러니까 나는 남들의 실연을 자신의 처지에 동일시해서 아프게 묘사하려는 순정파 구경꾼이다. 지금도 가끔, 비 오는 날 꽃집 앞에서 프리지아 노란 봉오리를 사며 덜덜 떨던 그 사내가 생각난다.

서산여중 부장교사 시절에 「스캔들」을 만난 건 귀동냥 탓이다

당시 그 학교 교사 50여 명 중 20대 처총회 교사들이 열댓 명

가량 있었는데, 주로 즈이끼리 몰려다녔고 그네들끼리 낄낄대는 그 젊음을 부러워하며, 외면한 채 공문서에 몰입 중인데.

"이번 주에 스캔들은 꼭 볼 거야."

그 문장을 훔쳐 듣고 내가 먼저 재빨리 실행에 옮겼다. 덕분에 프랑스 라끌로 원작 「위험한 관계」를 조선시대 색감으로 영화화하는데 성공했다는 스크린을 대면하게 된다(나는 그때까지 배용준이란 배우를 몰랐고 기실 지금도 얼굴이 기억나지 않는다). 문학적 완성도와 명품 배우들의 빼어난 연기로 부산국제영화제와 상하이 영화제까지 휩쓴 작품이란다. 그러나 아마추어 관객 강 선생은 엉뚱하게도 '작업 선수들의 정절녀 무너뜨리기'의 스토리에 분노할 뿐이다. 착한 여자 넘어뜨리는 젊은 날의 바람둥이 친구들에 대한 추억들이 우울하게 떠올라서 그랬을 것이다. 특히 뒷부분에서 전도연이 가슴을 싸안으며,

"왜 저를 버리시는지 이유를 말씀하세요."

닭똥 같은 눈물을 뚝뚝 떨어뜨리자,

"당신이 나를 사랑하는 순간 당신을 버리고 싶더이다."

라고 코딱지 쑤실 때, 후닥닥 무대에 뛰어가 눈알을 후비고 싶은 심정이었다. 방향은 다르지만, 그 단순우직은 탈북자들의 정서와도 부분적으로 통한다. 그네들이 남한의 「주유소 습격사건」을 감상한 다음, '이해가 안 갑니다. 왜 남조선 영화에서는 나쁜 사람이 벌을 받지 않습니까? 주유소 사장 박영규를 두들겨 패는 젊은 친구들

에게 벌을 주어야 마땅합니다.'라는 갸우뚱 의혹에 '맞습니닷. 우린 동시구려.' 하며 벌떡 일어나 농조의 포옹을 하고 싶을 뿐이다.

　내 딸 주현이가 화면을 보고 운 것은 시티콤 드라마 「세상에서 가장 슬픈 약속」을 보고 나서이다. 그랬다. 중년이 지나면서 비로소 처음으로 가족과 행복이란 문장을 느끼려던 즈음이다. 젖살 소녀가 아비의 무르팍에서 바나나킥을 먹으며 기마자세 흉내를 내다가 눈이 동그랗게 커지기 시작했다.

　개그맨 김국진은 다섯 살 딸내미(주현이와 동갑)를 위해 죽는 시늉까지 하는 '딸 바보'인데, 그만 불의의 교통사고를 만나 죽게 된다. 영혼이 된 그는 자신의 죽음보다 아비 없이 살아갈 딸 때문에 하늘이 무너진다. 몸종처럼 부려 먹던 딸아이가 '아빠 없는 세상을 어떻게 헤쳐 갈까.' 아찔한 나머지 염라대왕께 제발 일주일만 더 살게 시간을 달라고 애걸복걸 사정한다. 그리하여 시한부로 환생한 김국진은 그때부터 일주일간 딸이 혼자 자립할 수 있도록 고된 스파르타 훈련을 실시한다. 드디어 일주일 후 튼튼한 몸과 의지를 만들고서야 비로소 눈물의 작별을 한다는 내용이다. 그 영상과 함께 베란다 너머 봄꽃들이 우르르 쏟아지며 울음 터뜨리는 환상에 젖었던가.

　갑자기 주현이의 울음소리가 쾅 터지는 것이다. 영화 감동 후의 잔잔한 흐느낌이 아니라 강짜를 부리듯 왕왕 울어서 아내와 아들

그 시절 나는 힘들었다. 전교조의 대치국면 절정 즈음 스크럼과 술판으로 녹초가 되어 집으로 돌아오면 호수 같은 눈동자 네 개가 '아부지 밥 줘.' 하며 숟가락을 두들겼다. 지금은 푸르딩딩 야생마가 되어 세상을 누비는 중이다. 더러는 젊은 매처럼 고독한 눈빛으로 비상 준비도 하면서.

까지 방에서 튀어나와 '얘가 갑자기 맛이 갔나?' 하며 어리둥절해 한다. 그렇게 주현이가 드라마의 비장미를 뗑깡 울음으로 토로하는 순간 나 혼자 가슴이 미어졌다. 내 딸이 불쑥불쑥 성장하는 환상이 터진 것이다. 그렇다. 저 뗑깡 울음이 시나브로 흐느낌과 비장함과 슬픔으로 숙성되면서 포플러처럼 폭풍 성장을 하게 되리라.

달리기 발자국

운동회를 일주일 앞둔 4학년 초가을 등굣길.

조무래기들 열댓 명은 장돌뱅이네 소 구루마를 따라 오그르르 산등성이를 넘었고 나도 우마차 가장자리를 잡고 앞바퀴와 뒷바퀴 사이로 엉거주춤 따라붙는 중이다. 그러다가 양조장 감나무 꼭대기의 때까치에 취해 깜빡 한눈팔다가,

– 앗!

뒷바퀴에 정강이를 치였고 비명을 지르며 쓰러졌다. 말채찍을 쥔 장돌뱅이 아저씨는 힐끔 쳐다보더니 그냥 쓰뭉하게,

– 재수 없어.

아주 잠깐 인상을 쓰더니 털털털 가버렸을 뿐이다. 등굣길 친구들도 '우헤헤, 재 좀 봐.' 킬킬대너니 달구지 따라 몽실몽실 사라진

다. 동생 병준이만 안절부절 허둥댔으나 나는 오히려 '먼저 가라'고 짜증까지 부렸다. 소년 혼자 절룩거리는 등굣길, 진입로에서 교문까지 거리가 사막처럼 아득했다.

운동회까지는 일주일.

달리기 잘하는 아이들은 운동회를 손꼽아 기다렸고 느림보 아이들은 그 필수 종목인 달리기가 그리도 원망스러웠다. 아무튼 나도 바퀴에 치였던 종아리 문지르며 날마다 조금씩 달리는 연습을 했다. 기실 달리기 실력이 원래 달려서 1학년 때부터, 일곱 명 주자 중 6등 정도였다.

봉락리 아이들한테 밀리는 건 당연했다. 그 동네의 6학년 짱인 고창진과 백운기가 앞장서 책 보따리 바싹 조인 채 등굣길 산마루를 치달리면 나머지 조무래기들이 우르르 뒤를 따르는 풍경도 참으로 장관이었다. 산골짜기 지산리 아이들도 절반의 선수급이었다. 도비산 비탈길을 날다람쥐처럼 오르락내리락 하굣길 치달리면 등허리 책보 속에서 필통 소리가 달그락거렸다. 그나마 신작로 뚱땡이 춘원이를 이기는 게 목표였고 실제로 내가 간발의 차이로 앞서는 편이었다. 하지만 춘원이는 내가 구루마에 치이면서 이번만은 자기가 이길 것이라고 확신하는 것 같았다.

일주일 내내 주무르고 비볐지만 늘어진 인대가 쉽게 회복될 리 없었다. 달리기는 꼴찌였고 당연히 공책도 타지 못했다. 아무것도 없었다. 다른 해에는 마지막 정리 체조 후 기념품 공책을 한 권씩

나눠 주기도 했는데 그해에는 예산 부족으로 그것조차 없었다. 게다가 온종일 밥도 굶었다. 어머니가 집안일에 바빠 그 학교 선생님인 아버지한테 가서 함께 먹으라고 했지만 아버지가 깜빡한 것이다. 나는 차마 찾아갈 용기가 나지 않아 펌프에서 맹물만 마셔대었다. 그날 저녁 기둥뿌리 붙잡고 무진장 크게 울었다. 어머니는 다리가 아파서 우는 줄 알았지만 나는 꼴찌의 서러움과 춘원이의 비웃는 표정 그리고 배고픔과 빈손의 총체적 슬픔을 그렇게 토로할 수밖에 없었다.

'손님 찾아 달리기'는 5학년 여자애들의 맞춤형 종목이다

30미터쯤 달리다가 바닥의 쪽지에 적힌 사람을 찾아 손을 잡고 달리는 경기다. 그러니까 순수한 달리기 실력보다는 쪽지에 적힌 사람을 빨리 만나야 하고 또 그 파트너가 잘 뛰는 사람이라야 하므로 실력과 운이 반반씩이다.

그래서일까, '손님 찾아 달리기'는 그렇게 수시로 난망한 장면을 연출한다.

염전집 순이 누나의 상황은 조금 달랐다.

"중학생 오빠 안 왔는데요."

쪽지를 잡은 누나가 꼭 친오빠 중학생이라야만 되는 거로 생각하며 경기 도중 선생님한테 소리친 것이다.

"아무나 잡고 뛰라니깐."

그때 덕배 형이 눈에 띄었다. 대밭집 덕배 형은 한 동네 오빠지만 중학교에 다니지 않고 대밭집 머슴살이인 게 문제다. 누나가 망상망상 손을 잡으려 다가오자 덕배 형이 '나는 중학생 아닌데.' 하며 구경꾼 틈에 몸을 숨기는 그 사이에 다른 애들은 모두 달리기를 끝내버렸다. 꼴찌 누나는 울지는 않고 그냥 볼만 퉁퉁 부어올랐던 것 같다.

군대에서의 선착순 달리기

나는 자연스럽게 꼴찌였다. 물론 자포자기하는 내 나름대로의 계산법도 있었다. 빨리 뛰어봤자 내내 조교 앞에서 '엎드려뻗쳐'나 '대가리 박아'를 하고 있으므로 어차피 마찬가지인데 선착순 때마다 혼신을 다해 달리는 전우들의 심정을 이해할 수 없었다. 그보다 힘든 건 담벼락 건너편 창살에 매달린 구경꾼들의 눈망울이었고.

훈련소 담벼락 너머로 초등학교가 있었던 것이다.

선착순이나 오리걸음으로 데굴데굴 뒹굴다 보면 창틀에 제비새끼처럼 매달린 초딩들이 국군 장병 아저씨들의 기합받는 장면을 지지배배 구경하곤 했다. 아버지가 군인이었던 최은숙 선생도 소녀 시절 그 창틀에 끼어 '나라를 지키는 국군 장병'들의 선착순 달리기나 '대가리 박아'를 무수히 구경했노라고 회고했다. 수치심보다 육체의 고통이 더욱 절박하던 시절이다.

또 있다. 10킬로미터 완전군장 구보다. 그땐 2~3킬로미터쯤 달리다가 아예 일부러 쓰러지기도 했다. 많이 뛰나 조금 뛰나 어차피 낙오를 할 것이고 결국 얻어맞는 건 마찬가지라는 '배 째라, 심사'이다. 탈진한 채 개울가에 쓰러진 채 아주 잠깐 풀냄새에 취해 몸을 맡기기도 했다. 훈련소 조교는 원산폭격 시킨 채,

'구보의 낙오자는 인생의 낙오자다.'

그런 아마추어 철학을 설파하려 했지만 나는 콧방귀도 뀌지 않았다. 그런데 역시 군인은 군인이었나 보다. 짬밥 날짜가 늘어나면서 나중에는 10킬로미터 구보를 주파하는 내 모습을 보며 어리둥절하기도 했다.

운동회의 백미는 400미터 릴레이다

특히 사춘기 선수들은 바통을 넘기고 땅을 패는 질주 속에서 얼룩말이 되고 퓨마나 치타의 야생 발목이 되었다. 이번 경기에서는 전학생 석훈이를 기대하는 중이다. 고등학생치고 꽤 작은 159센티미터의 단신인데 건강기록부엔 12초F로 기록된 것이다. 릴레이 예선에서는 2번 주자로 나섰는데 속도를 내다가 '아차' 바통을 놓치는 바람에 뒤로 확 처지고 말았다. 다행히 3번 주자 순관이의 질주로 격차를 좁혔지만 결정적으로 역전시키지는 못하였으므로 잊힌 실력이 될 뻔했다. 다행이랄까. 라스트 주자 경석이가 한 명을 따라잡는 바람에 네 팀 중 가까스로 2등을 함으로써 결승에 오를 수 있었다.

석훈이는 결승에서 라스트 주자로 교체되었다.

마지막 바퀴는 네 팀 모두 가장 잘 뛰는 선수를 배치했고 거리도 두 배로 늘려서 운동장 한 바퀴 라인을 죄다 돌아야 한다. 그 운명의 결승전은 석훈이가 그 피날레를 장식했다. 2등으로 바통을 터치한 석훈이가 결승 20미터 전부터 1등 주자와 점차 간극을 좁혀가는데 아, 죽여주는 것이다. 승리의 환호를 지르면서 운동장의 만국기가 왜 그토록 찬란하게 날리는지를 처음 알았다.

알제리 여성 '라시베 볼메르카'의 이야기는 단말마처럼 아프다

1992년 바르셀로나 올림픽 출전 선수다. 1,500미터 달리기에서 알제리 최초의 금메달을 안은 라시베는 환영은커녕 오랏줄을 받을 판이었다. 수천 명의 외간 남자들 앞에서 종아리 맨살을 내놨다는 이유로 귀국 후 이리저리 끌려다니며 거센 신체 위협에 시달렸다가 결국 이탈리아로 망명했다. 이데올로기의 절망이다.

같은 탈레반 권역의 로비나의 경우는 조금 다르다.

대표 선수로 뽑힌 후에야 처음으로 경기장에 설 수 있었으며 100미터 실력도 15초이니 아마추어급에도 간신히 미치는 수준이다. 그래도 죽어라고 연습을 했다. 그니가 달리던 카불 운동장도 기실 탈레반 시절에는 처형장으로 더 많이 쓰였던 자리라서 마음을 독하게 먹어야 했다. 그니 역시 마초들의 살해 협박에도 불구하고 금기의 벽에 도전하기로 작심하면서 일찌감치 고초의 과정을 치러야 했다. 결국 경기용 삼각팬츠가 아닌, 발목까지 덮은 추리닝 차림으로 올림픽 경기장 스타트 라인에 섰고 젖 먹던 힘을 다해 뛰었다. 14초로 완전 꼴찌를 했지만,

"모든 아프가니스탄 여성들에게 내 모습을 알리고 싶어요."

황홀한 기쁨의 눈물을 흘렸다. 21세기 대명천지에도, 아직 히잡을 벗었다는 이유로 매를 맞던 중동 전선 여전사의 이야기다. 다른 선구자들 역시 영화배우로 출연했거나 승용차 운전을 했다는 이유로 사내들의 채찍을 공개적으로 맞으며 오늘도 여성 주권을 향해 달리는 중이다.

신정숙 선생님(23세)은 희망의 꿈나무를 키우고 싶은 새내기 교사다

이번 운동회에는 소아마비 길수를 꼭 동참시키고 싶었다. 총기서린 길수의 행복한 완주 그 눈빛이 보고 싶은 것이다. 글쓰기와 노래, 공부와 바둑까지 천재성을 보이는 장애우 제자에게 '몸의 비상'까지 얹어주겠노라고 오래도록 마음 다지던 차이다. 『오체불만족』의 오토 다케처럼 응원과 축복의 이벤트를 만들고 싶었는데.

그런데 아니었다. 정작 30미터쯤 앞서 출발선에 자리 잡은 길수를 본 구경꾼 할아버지가,

"저게 뭐하는 짓인가. 보기 숭하게."

혀를 끌끌 찰 때부터 아차, 뭔가 꼬이기 시작한 것이다. 게다가

저학년 철부지 몇몇은 자리에서 일어나 길수의 달리기 몸짓을 흉내 내는 것이다. '맹진사댁 경사' 같은 사이비 고전이 장애인을 '악의 축'으로 규정한 탓도 있다.

"선생님 쟨 장애인이에요. 히히힛."

손가락질로 까르르 대면서 최소한의 인본적 염치도 놓치곤 한다. 그러거나 말거나 길수는 친구들이 모두 지나친 한참 후에 결승점에 절룩절룩 진입했고 곧바로 쓰러졌고 사람들의 안쓰러운 시선을 받았다.

오토 다케의 어머니는 한 달간 격리된 후 최초로 아들을 만났을 때, '오- 이렇게 귀여울 수가!' 탄복했다는데, 새내기 교사에겐 그런 풍경이 없는 것이다. 노랗고 파랬던 하늘이 이젠 회색빛이다. 모두들 떠난 운동장 구석에서 스승과 제자가 쪼그려 앉아 이맛살 비비는 중이다. 땅거미가 서걱서걱 밀려오는데,

"다시는 너에게 아픔을 주지 않겠어."

"행복했어요. 정말 좋은 경험이었어요."

처녀 선생님 혼자 눈물을 펑펑 쏟는데 길수가 오히려 넉넉하게 다독이는 장면이다. 저녁놀 탓이었을까. 선생님의 볼이 발갛게 달아오른다. 세상에서 가장 황홀한 표정은 '눈시울 적신 채 입술로만 짓는 웃음'임을 처음 알았다.

초로의 흰서리를 새롭게 만나며

나는 때리지 못한다.

1978~80년 한탄강 군대 막사에서도 고참들에게 '쫄따구를 잡아라' 몽둥이세례를 받으면서 정작 기합 한번 주지 못했다. 그 후 수십 년 교단생활에서도 푸르락푸르락 핏발을 올리지만 결국 아이들에게 손을 댄 적이 없다. 그렇다고 비체벌 행위에 대한 휴머니즘으로 똘똘 뭉쳐진 페스탈로치 유형은 전혀 아니다.

천태만상 교실 탓으로 돌리는 건 더욱 아니지만.

가끔은 '쟤는 한번 손을 봐야 정신을 차릴 텐데.' 하며 부글부글 속을 끓인다. 그러면서도 못 때렸던 이유는, 천성적으로 심약하기 때문이요 또 하나는 체벌 행위에 대한 '가해자적 굴욕감'을 감당하기가 싫어서이다. 가끔 반듯반듯한 바둑판 교실을 꿈꾸는 훈육형

동료들이,

"선생님 교육관 때문에 내 수업이 힘들어집니다요. 제발 때리쇼."

"맞으며 배워야 점수가 늘어요."

하지만 그건 교육적 가치관이 아니라 타고난 체질이다. 조립식 몸의 행태는 각종 공구를 동원하여 뜯어고칠 수 있을지 몰라도 몸 안에서 태생적으로 이어진 수맥의 흐름은 바꿀 수 없다.

실제로 다른 선생님들에 의해 내 교실까지 평정되기도 했는데, 그런 물리력에 의한 길들여짐을 지켜보는 건 쓸쓸한 일이었다. 혼수상태로 바글대던 나의 교실이 노크 소리와 동시에 등장한 호랑이 훈장 앞에서 반짝 부동자세로 변하기도 했고, 하이에나처럼 크르렁대던 반항아가 몽둥이 임자를 만나면 무르팍으로 교무실 바닥을 박박 기어 다니기도 했다.

그래서일까, 2010년 여름 교육계 이슈인 '체벌 금지법'을 보며 만감이 교차한다

얼마 전이었던가. 진보 성향으로 서울시 교육청의 수장이 된 전직 곽노현 교수가 체벌의 후진성을 설법하자 강연을 듣던 교장님의 일부가 항명성 퇴장을 시도했다 한다(강연이 끝난 후의 상황이지만) 상급 관청의 '체벌 없는 교실' 설파를 교육 관료들이 거부한 아이러니 현상에 대해 모 신문 빵틀 사설은 '조선 팽이가 돌아가기 위해서는 때려야 한다.'며 깨소금 카드를 뽑아 들었다.

예전에는 강의실 저항은 주로 반대의 경우로 나타났었다.

80년대 중반 즈음에는 보수 논객들의 일방통행 강의 중 주로 진보 성향 교사들이 반발성 질의를 하거나 항의를 했다. 그때마다 보수 논객들은 '문제 교사'를 징계해야 한다며 부지깽이를 쑤셔대었고 실제로 교사들이 징계를 받기도 했다. 그 후 세월이 흘렀고, 이례적 상황에 거꾸로 부채질하는 인쇄물 사태를 보며 만감이 교차하는 것이다.

또 있다. 교장님이 즈이 학교 스승들을 회초리로 때린 사건이다 (오마이뉴스, 2010년 9월 16일). 교장님이 학생들 앞에서 선생님들을 바닥에 엎드리게 한 다음 교실에서 명찰을 달지 않은 학생 수만큼 때렸는데 그중에는 여교사도 두 명 포함되어 있었다고 하니 야만적이란 수사조차 분하고 굴욕스럽다. 이런 '말도 아니고 막걸리도 아닌' 영상이 소위 체벌 해결론자의 인성 교육이다.

그네들은 '단추만 누르면 돌아가게 되어 있다.'며 식민지 체질로 가학의 수위를 단계별로 높이는 것이다. 어항 속의 온도를 조금씩 높이면서 시나브로 적응되어 뜨거운 물에서 고통스럽게 헤엄치는 금붕어를 보는 것 같다. 이제 한 수치만 높이면 물리적으로 숨을 멈추는 단계인데도 사는 곳이 지옥인 줄 모르는 것이다. 가끔 그런 생각이 든다. 역사의 나선형 진보가 순리이지만 틈입자의 관성에 우리들의 공든 탑은 언제든지 '거꾸로 도는 시계추'를 만날 수도 있다고.

첫 발령지 인문계 시스템은, 아니 학교라는 구조는 복잡다기와 획일성의 혼재였다. 개학과 동시에 '일사불란'에서 볼펜 심 하나 들어갈 틈을 주지 않겠노라 빈틈없이 스위치를 누르는 것이다. 주로 보충 수업과 야간 자습과 우열반과 합숙소까지 감당하다가 점심시간 중간체조에 늦게 집합했다는 이유로 비상 사이렌을 불곤 했다. 운동장에 오그르르 모인 천사표 소녀들이 선글라스와 호루라기의 신호 따라 오리 꽥꽥이 되고 수레바퀴가 되었고 가끔씩은 알타리 무 종이리에 시퍼런 반점이 생기기도 했다.

'대학 가서 미팅 할래, 공장가서 미싱 탈래.'

입시 돌격대 게시판 액자에 실렸다는 대구법 문장 때문에 노기가 서렸던 즈음이다. 솔직히 그때는 입시 구조적으로도 불가능한 얘기였다. 80년대 중반 대학 진학 비율이 25% 수준이었으므로 나머지는 죽자 살자 머리끈 동여매도 이탈될 수밖에 없었다. 그러거나 말거나 대학 진학을 포기한 아이들도 보충 수업과 야간 자습의 급류에 쳇바퀴처럼 적응해야 했다. 그 사제동행 학습 작전은 한계의 시험대였고, 심약한 교사는 속으로만 낑낑 앓았다.

사실 부끄러운 고백이지만, 남보다 늦게 광주를 만났다. 1980년 여름 군복무를 끝내고, 대학가 골방에서 틀어주는 비디오 화면과의 첫 조우에서 나는 절망했다. 국군 아저씨들이 트럭에서 내리자마자 동시대 청년들에게 곤봉이나 개머리판 세례를 거침없이 퍼부으며 시작되는 영상이었다. 이 나라 국군이 이 나라 백성에게 총을 겨누는 것이다. 적군과 아군의 혼돈 속에서 광주는 '군중의 분노와 군중의 질서'를 동시에 감당하는 중이었다. 리어카에 실린 시체와 태극기 덮인 망자의 관 사태에서 '폭력과 정당방위'란 단어가 선명하게 대비되기 시작했다. 늦깎이 청년은 비로소 깨어 있는 영혼이 되고자 했다.

어느 날 눈을 뜨니 내 몸의 색깔이 바뀌었다던가

그해 여름 새벽 초인종 소리에 자벌레처럼 벌떡 일어섰었다.

"도 교육청 장학사다."

아주 짧게 우왕좌왕하는 사이에 다시 벨소리가 울린다.

"누구시죠?"

"여기가 강병철 선생님 댁입니까?"

장학사 대신 건장한 사내 몇이 영화처럼 쿵, 쿵 들어섰다.

끌려가는 와중에 가장 두려웠던 것은 물리적 공포에 대한 기우 같은 예감이었다. 벗들의 체험담이 몸에 익은 상태였고 '고문 기술자', '칠성대', '고춧가루와 주전자' 그런 단어에 대한 가위눌림으로 새벽잠 화들짝 깨던 시국이다. 후일담이지만 몇몇 동료 교사들과 달리 나는 물리적 고초가 없었으며, 오히려 깍듯한 대우를 받으며 조서를 받았다. 기관 대항 친목대회에서 낯이 익은 형사 하나가,

"앗, 선생님 배구대회 때 만났었죠?"

"깡패나 사기꾼만 조사해봤지 '민중'이란 단어 조사는 처음이요."

그런 소박한 고백을 들으며 적이 안심했지만, 이박삼일 조서가 끝나던 저물녘 나는 만신창이 상태로 학교를 쫓겨났다. 소도시 운동장으로 땅거미가 시커멓게 덮어버렸고 나 혼자 우울히 서 있었다.

그런 풍경이 있었다

담쟁이덩굴이 담벼락을 푸른새 보자기로 폭삭 덮어비린 여름의 뒤끝이었고 매미 소리 쟁쟁히 울리던 개학날 아침이었다. '잘린 목' 하나가 이삿짐 리어카를 밀다가 담벼락 너머로 새로 오신 여자 선생님의 부임 인사를 듣는 장면이다.

"초롱초롱한 눈망울들을 새롭게 만나니 너무 행복해서 가슴이 떨립니다. 여러분들의 아름다운 학창 시절을 도와주는 좋은 선생님이 되겠습니다."

청각의 시각화.

마이크 소리가 물수제비처럼 둥그렇게 퍼진다는 사실을 처음으로 체득했다. 그래도 이웃들의 반복적 물음에 지성을 다하여 해명하며 공중파와 지상파에 대응했다. 어려웠다. 아니라고 실상을 얘기해주면 그게 빨갱이 수법이란다. 옷 색깔이나 눈빛까지 빨갛게 규정하는 보수 언론 직수입자들에게도 논리적 설득을 포기하면 안 되는 거였다.

담장 가까이 붙어

귀 기울이고 들어보았어 스며드는 소리

댕댕이 넝쿨은 바싹 붙어 바둥거리고

하늘 그 너머로

사층 교실에선 지시봉 잡은 선생님

가을나무 흔들리는 사이사이로

아이들 깔깔 소리 조금씩 후벼 파는데

눈 뜨고 웃으세요 소리 한번 들릴 법한데

내가 아니었구나 칠판 앞에 서 있는 건

내가 아니었구나 이제 와 보니

―졸시 「해직일기 하나」 부분

해직 이후 학원 강사로 입문하면서

가학적 수준의 수업 분량을 감당하면서, 나는 다시 칠판 앞에 선 것만으로도 안도했다. 누워 있다가 옷걸이에 걸린 양복 소매 끝의 분필 자국을 보고 '내가 지금도 선생이구나.' 히죽히죽 웃기도 했다. 포장마차에서 튀김을 먹던 검정고시생들이 일렬횡대로 쪼르르 고개 숙일 때 아스팔트로 쏟아지는 머리카락을 떠올리며 정체성을 다듬었다. 그렇듯 나는 자다가도 부스스 일어나서, 분필을 만지면서 종소리 젖어 있는 운동장 풍경을 그려보곤 했었고.

검정고시생들은 붙박이 나무에서 움직일 줄 몰랐다. 경로당 쪽에서 담장 너머 딱 한 그루 삐져나온 느티나무다. 우리들은 먼 훗날 느티나무 커다란 그늘 자락을 꿈꾸며 까무러치는 형광등 불빛을 지켜보곤 했다.

"선생님 속세가 뭐지요?"

복희 씨가 노천명의 「사슴」을 읽다가 선생의 얼굴을 또렷이 바라본다. '공장에서 미싱 타는' 복희 씨는 '대학 가도 미딩을 못하는' 나이 삼십 아낙네다. 나는 민망한 질문에 딸꾹질만 감싸는데 그녀는 인내심으로 내 입술을 쳐다본다.

"속세는요."

목이 메어 아무 말도 던질 수 없었다. 담벼락 너머 정규 학교 야간 자습 불빛을 바라보면서 기실 다음 문장도 조금은 생각해봤었다.

"시인의 세상과 우리들의 세상은 다를 수도 있습니다."

우물쭈물 입술만 옹무는데,

"나쁜 건가요?"

되묻는다. 아니다, 아니라고 부인하지 못했다. '노동을 끝내고 부나비처럼 모여 있는 바로 이 자리입니다. 후끈한 거름 모아 채마밭 기름 지우는 우리들의 자리가 바로 속셉니다.'라고 말하지도 못했다. 바보같이.

'ㄷ신문사' 비정규직으로 몸을 옮길 즈음

시국은 막바지로 수상해졌다. 그해 1월, 박종철 군이 죽었다. 당시 서울대 언어학과 1학년생인 박종철 군이 남영동 대공실에 끌려가 심문을 받는 과정에서 물고문으로 숨을 거둔 사건이다. 처음에는 그냥 '탁' 하고 치니까 '억' 하고 죽었다고 했다. 'ㅎ신문' 사설에서는 "아픈 시국을 만나 왜 이 땅의 젊은이가 밤새도록 울분의 술을 마셔야 하며 왜 분노한 형사가 책상을 '탁' 쳐서 '억' 하고 죽게 만들었냐."며 엉뚱한 물 타기를 시도했다.

헤어지기 위한 사람들이 산 넘고 물 건너 찾아와서 강가에 서성거렸다. 그니의 아버지가 재가 된 아들의 몸을 강물에 뿌리며,

'종철아 잘 가그래이. 아부지는 아무 할 말이 없대이.'

흐느껴서, 배웅 나온 민초들이 합창으로 꺼이꺼이 울었다. 가랑잎으로 남은 청년이 이따금 물거품을 햇살 위로 올려 보냈고 남은 사람들은 그 사내 이름을 불러내며 소주잔을 비웠다. 그 후 나는 아무 데서나 「강변에서」, 「기지촌」 같은 김민기 노래를 부르면서 글을 썼고 스크럼에 끼어들었다.

세월이 흘렀고 세상은 무시무시하게 바뀌었다. 시인 박노해가 출옥 후 '핸드폰의 등장을 보고 가장 놀랐다.'는 고백처럼 자본주의 세상이 급속도로 약진한 것이다. 오늘날 체벌 상황은 영화 「친구」나 「말죽거리 잔혹사」 같은 그런 과장된 실루엣이 등장하지 못

한다. 오히려 선생님들이 당하기도 한다. '선생님이 먼저 때려서 나도 때렸어요.'가 검증의 잣대가 되기도 한다. 가끔 장승처럼 커다란 아이들을 보며, '나이를 먹을수록 힘이 더 세어지는 세상은 없을까.' 하는 망상에 빠지기도 한다.

나중 얘기지만······

기십 년이 지난 지금까지 예전의 제자들과 만남의 자리를 갖기도 한다. 때까치처럼 재잘대던 딘발머리 소녀들이 사십 내 중반의 아줌마가 되어 수탉처럼 구구구 소주잔을 건네받는다. 아름답다. 이렇게 꿈결에 취해 잠들고 싶다. 그러다가 예전의 '매 맞던 교정'을 화들짝 들이밀면 잠시나마 아늑했던 가슴이 철렁 내려앉기도 한다.

"그때 여고생들이 왜 그렇게 맞아야 했지요?"

재단사나 미용사가 되고 파출소장이나 동사무소 공무원이 된 그 옛날 소녀들이 뼈다구탕 살점을 떼어 먹다가 불쑥 물으면 일순 가슴이 쪼그라든다.

"선생님은 말고요."

마트 주인이나 학원 강사, 전업주부나 장학사가 된 제자들이 막아주면 안도의 표정을 짓기도 하지만 때로는 지나간 기억들이 찢겨진 그물이 되기도 하는데.

그게 '묵은 교사의 노래'였노라고 이제사 실감한다. 그렇다. 이빨이 흔들리고 등이 굽는 몸의 변화를 새로운 에너지로 받아들여야 한다. 그러나 표현하지 못한다. 해마다 첫 수업이 찾아오지만 장년의 평교사는 부끄러움을 고백하는 체질도 못 된다. 그저 첫사랑의 설렘으로 혼자서 운동화 끈을 조이는 중이다.